ソーシャルメディア社会の教育

マルチコミュニティにおける
情報教育の新科学化

松原 伸一 著

開隆堂

まえがき

　人類は2つの"価値ある空間"で生活している。その営みは，現実社会の物理空間と限りのない仮想空間とが重畳したマルチコミュニティの中で成立している。すなわち，私たちの生活圏は，もともと，質量のある物が支配するリアルな空間（物理空間）において，限りある資源とエネルギーを消費して成立し，この点では今も変わりがない。しかし，人類の発明したコンピュータは，既に電子計算機としての域を超え，質量のない情報が支配するバーチャルな空間（仮想空間）を創出している。その後のネットワークの進展は，知識のクラウド化に貢献し，情報機器のモバイル化は，SNS（Social Networking Service）を登場させ，社会への影響を多大なものに変貌させている。結局のところ，社会の情報化は，メディアの社会化とともに，情報の社会化という現象を生じ，ソーシャルメディアとしての存在感を顕著にしている。その結果，ネットワーク上に形成された複数の仮想世界との多重化した空間（マルチコミュニティ）にまで影響が及んでいる。

　したがって，私たちは，ソーシャルメディアを介して，現実世界と仮想世界が多重化する新たな世界であるマルチコミュニティを新しい環境として受け入れるとともに，関係する新たな知識を整理して共有する必要がある。

　このように，ソーシャルメディアによりマルチコミュニティを形成する社会を「ソーシャルメディア社会」と呼び，多様な視点で分析と考察を行い，新しい価値観の創出と共有を期待して，情報安全や情報人権をキーワードに，「教育の新科学化」を提案したい。

　本書は，以上のような課題意識のもとで，「ソーシャルメディア社会の教育」について，筆者の専門であるメディア情報学の立場から，今日的な緊急課題としてまとめられた。

　複雑に変化する新しい情報空間の構造に関心をもち，情報・メディア，安全・安心，人権・倫理，社会・コミュニティ，平等と公平などに関係して，教育・学習について，広く関心をお持ちの方の一助となれば幸いである。

2014年5月1日

松　原　伸　一

目次 CONTENTS

まえがき …………………………………………………………………… 3

第1章 「社会の情報化」から「情報の社会化」へ …… 7〜33
- 1-1　社会の情報化 ……………………………………………… 8
- 1-2　各分野における情報化 …………………………………… 12
- 1-3　情報の社会化 ……………………………………………… 16
- 1-4　人間・コミュニティ・社会 ……………………………… 20
- 1-5　情報の社会化による新たな限界 ………………………… 24
- 1-6　ソーシャルメディア社会 ………………………………… 28
- コラム1　IT（情報技術）とICT（情報通信技術）………… 32

第2章 教育の新科学化 …………………………………… 35〜61
- 2-1　教育の新科学化 …………………………………………… 36
- 2-2　学習の方法と形態 ………………………………………… 40
- 2-3　学習の活動と環境−1−（基本）………………………… 44
- 2-4　学習の活動と環境−2−（発展）………………………… 48
- 2-5　学習の思考と解決 ………………………………………… 52
- 2-6　学習の内容と体系 ………………………………………… 56
- コラム2　米国における新しい教育の流れ ………………… 60

第3章 情報教育の科学 …………………………………… 63〜89
- 3-1　情報教育の歴史 …………………………………………… 64
- 3-2　情報教育のターミノロジー ……………………………… 68
- 3-3　情報教育のレベルとストランド ………………………… 72
- 3-4　新しい情報学修：ISの枠組み …………………………… 76
- 3-5　新しい情報学修：ISとCSの比較 ………………………… 80
- 3-6　情報教育と問題解決 ……………………………………… 84
- コラム3　ディジタル化の意味するものは ………………… 88

第4章　情報とメディアの科学 …… 91〜117

- 4－1　情報の科学 …… 92
- 4－2　メディアの科学 …… 96
- 4－3　大学における情報学 …… 100
- 4－4　メディア論 …… 104
- 4－5　情報とメディアの基礎能力 …… 108
- 4－6　メディアの社会化 …… 112
- コラム4　ディジタル環境とメディア …… 116

第5章　情報学修 …… 119〜151

- 5－1　情報安全と教育 …… 120
- 5－2　交通安全と情報安全 …… 124
- 5－3　情報倫理とモラル …… 128
- 5－4　情報人権とイクイティ …… 132
- 5－5　情報社会とコミュニティ …… 136
- 5－6　情報経済とビジネス …… 140
- 5－7　情報法規とコンプライアンス …… 144
- 5－8　情報健康とダイナミズム …… 146
- 5－9　情報公開とデモクラシー …… 148
- コラム5　情報学的想像力 …… 150

関係文献一覧 …… 153〜157

索引 …… 158〜159

第1章

「社会の情報化」から「情報の社会化」へ

1-1 社会の情報化

1）情報社会の諸相

　社会の情報化という表現が使用されるようになって久しい。このことは，もちろん，情報社会を連想させてくれるが，工業社会と対比して考えるとわかりやすい。

　工業社会は，物の生産が中心であるといえる。物質とエネルギーを効率良く制御して，大量生産により低コストで品質の高い製品を生産することに主眼がおかれている。一方，情報社会は，物質とエネルギーに加え，情報の存在が重要になり，多様な情報機能の有機的な活用を主軸とした社会であるといえる[1]。

　ところで，以前においては，情報社会というよりも情報化社会といわれたことも多かった。それは，「化」という語に，そのような社会に変化しつつあること（変化の過程にあること）を強調するという面があったからである。

　その後，進展する社会の情報化に対応しては，表現を工夫して，高度情報化社会，後に，高度情報社会といわれたこともある。

　しかしながら，情報化の進展は，留まることがなく次々に新しい変化を生じさせている。したがって，このような状況では，それを超高度情報社会と表現する余地もないまま，○○社会という新しい表現が誕生している。その一部をあげれば，図2のようになり，本書の執筆中にも，次々に新語が誕生することだろう。

　そこで，まず本節では，本質的な理解を促すため「キー概念」として，Web2.0とクラウドコンピューティングを取り上げて考察してみよう。

```
【工業化】
工業化社会／工業社会
（物の生産が中心）
　　　↓
【情報化】
情報化社会／情報社会
（情報の活用が中心）
```

図1　工業化から情報化へ

```
【情報社会の諸相】
高度情報化社会
高度情報社会
高度情報通信社会
ユビキタス社会
知識基盤社会
ディジタル社会
ICT社会
クラウド社会
ネットワーク社会
インターネット社会
ネット社会
クラウド型知識基盤社会
ソーシャルメディア社会
　　　：
```

図2　情報社会の諸相

2）Web2.0

今からみれば，2006年は日本における「ネット社会」と「ビジネス」を強力に結びつける「革新的な発想転換の年」だったといえるかもしれない。

同年2月，その話題は，「ウェブ進化論[2]」（梅田望夫著）の出版により拡散し，Web2.0に対する関心が高まったと筆者は考えている（表1）。

表1　Web2.0に関する文献の例

年.月.日	書籍・記事等	著者，出版社
2006.2.10	ウェブ進化論	梅田望夫，ちくま新書
2006.3.11	Web2.0 BOOK	小川浩・後藤康成，インプレス
2006.6.26	Web2.0でビジネスが変わる	神田敏晶，ソフトバンク新書
:	:	:

さらに，同年7月，平成18年度版情報通信白書[3]が発行され，「第1章 ユビキタスエコノミー」の「第4節 ユビキタスネットワークの新しい潮流」において，Web2.0の概念やロングテール現象などについて詳しく紹介された。つまり，この頃から既に，Web2.0という用語が情報産業だけでなく，教育や報道などのあらゆる分野において注目されることになったのである。

例えば，同年9月，"紋切り型 欲する情報社会"（朝日新聞夕刊，2006.9.5）では，Web2.0のほかに，メディア化，国際化のように日常的に使用される用語も，実は定義がはっきりしない語（バズワード）として取り上げられ，用語概念の共通理解に際しても，情報化の急激な変化に対応することの難しさを示している。

また，同年10月，"「Web2.0」って，わかりますか？"（朝日新聞夕刊，2006.10.14）によれば，Web2.0という言葉は，よく使用されるようになったけれど，その意味や定義が曖昧であるため，「記者泣かせの言葉」になっているとし，また，一般市民にとっても理解を困難にさせていたりして，その本質がわかりにくいものとなっている点が取り上げられている。

もともとWeb2.0というコンセプトは，プログラマ向け書籍を出版するオライリーメディア（O'Reilly Media）のCEO（Chief Executive Officer：最高経営責任者）であるティム・オライリー（Tim O'Reilly）氏が，新しいウェブサービスをテーマにしたカンファレンスを企画するために考えついたものとされるが[4]，これは，Webをプラットフォームとして位置づけることに特徴がある。このことにより，ネット社会に分散する多数の利用者は，OS（Operating System：オペレーティングシステム）やアプリケーション・ソフトウェア，端末装置の制約

を受けることなく，ネットワークを介して結びつき，多様な知識を集結しつつ，様々な形態の協働（コラボレーション）を行うことが可能となり，このような協働システムを活用したビジネスやサービスが現実化している[2]。このような潮流は，ICT（Information and Communications Technology：情報通信技術）の急速な発展を基盤として，種々の新しい発想や価値観，さらにはそれらを支える新しい仕組み等が創造されることにより，私たちの周辺にある多くの枠組みについて再構築を余儀なくされる状況を暗示している．

3）クラウドコンピューティング

その後，2009年初頭から始まった「クラウドコンピューティング」の衝撃は，ビジネスや情報処理の専門分野にまで広がり，2009年12月，情報処理学会誌においても特集が組まれるに至ったのである（**表2**）．

表2　クラウドコンピューティングに関する文献の例

年.月.日	書籍・記事等	著者，出版社
2009.1.30	クラウド・コンピューティング（ウェブ2.0の先にくるもの）	西田宗千佳，朝日新聞出版
2009.2.19	クラウドの衝撃	城田真琴，東洋経済新報社
2009.3.1	クラウド〜グーグルの次世代戦略で読み解く2015年のIT産業地図	小池良次，インプレスR＆D
2009.3.10	「クラウド・ビジネス」入門	林雅之，創元社
：		
2009.10.21	今さら聞けないクラウドの常識・非常識	城田真琴，洋泉社
2009.11.6	雲の世界の向こうをつかむクラウドの技術	丸山不二夫・首藤一幸編，アスキー・メディアワークス
2009.12.15	「特集」クラウドコンピューティング時代の大規模運用技術	情報処理（情報処理学会誌），Vol.50, No.12

クラウドコンピューティングとは，ネットワーク（特に，インターネット）を基盤とした情報資源の利用形態といえる．すなわち，ユーザは，情報機器（情報端末）を使用してネットワーク経由で，コンピュータによる情報処理やデータの格納を行うとともに，各種の便利なサービスを利用することができる．ここで，「クラウド」とは，その名の通り「雲」のことである．ユーザからみれば，物理的にネットワーク機器の所在を意識することなく，曖昧な状況でも十分にネットワークを利用できる環境といえる．まさに「雲をつかむような話」といいたいが，必

ずしもそうではなく，その実現には高度なテクノロジーが支えているのである。

もともと，コンピュータ利用といえば，ユーザ側がハードウェア，ソフトウェア，データなどを自身で保有・管理するのが基本であったが，クラウドコンピューティングでは，そのような準備を必要とせず，情報端末からネットワークに接続することで，各種のサービスを利用することができる。一般にクラウドコンピューティングによるサービスは，①SaaS（サース），②PaaS（パース），③HaaS（ハース）／IaaS（イアース），の3つに分類して説明されることが多い（**表3**）。

表3　クラウドコンピューティングの3つの形態

利用形態	略説	例
SaaS	アプリケーションソフトウェアパッケージの提供	電子メール，オンラインゲームなど
PaaS	ソフトウェアを構築・実行するためのプラットフォームの提供	情報インフラ，データベースなど
HaaS／IaaS	ネットワーク経由によるハードウェアそのものの提供	サーバなど

① <u>**SaaS（Software as a Service）**</u>：アプリケーションソフトウェアパッケージの提供形態で，電子メール，グループウェア，オンラインゲームなどがその代表例である。類似した形態としては，ホスティングサービスやアウトソーシングサービスなどがある。

② <u>**PaaS（Platform as a Service）**</u>：ソフトウェアを構築したり，開発したプログラムを実行したりするためのプラットフォームの提供形態で，情報インフラ，データベース，ソフトウェア開発用の各種ツール，開発したシステムを運用する環境，の提供などのサービスがある。

③ <u>**HaaS（Hardware as a Service）／IaaS（Infrastructure as a Service）**</u>：ネットワーク経由でハードウェア自体（ハードウェアリソース）の利用を提供するもので，ユーザ自身でOSの設定も含めてシステムを導入・構築が可能であるが，SaaSやPaaSに比して，より専門的な知識と経験が必要である。

参考文献

(1) 松原伸一：ディジタル社会の情報教育～情報教育を志す人のために～，開隆堂，2002.
(2) 梅田望夫：ウェブ進化論，ちくま新書，2006.
(3) 総務省：平成18年度版情報通信白書，ぎょうせい，2006.
(4) 神田敏晶：Web2.0でビジネスが変わる，ソフトバンク新書，2006.

1-2　各分野における情報化

1）データと情報，情報とコンピュータ

　多くの人は，「データ」と「情報」を区別して使用しているのだろうか。

　また，「情報化」という言葉を聞いて，何をイメージするだろうか。

　この問いかけは，筆者が授業の中で取り上げるテーマの例である。授業では，「情報化」と聞いて，「コンピュータ化」をイメージする人が多かった。他に，「電子化」をあげる者もいたが，これは，コンピュータのことを電子計算機と表現していたことに由来するものと考えられる。electronic の背景に，computer があるためで，電子メール（e-mail）という表現も同様の理由による。

　それでは，「情報化＝コンピュータ化」という構図は，いつごろ，どのような背景で形成されたのだろうか。その答えは容易ではないが，恐らくコンピュータ処理の歴史に関係があるに違いない。

　そもそも，データ処理（data processing）とは，データを知識（情報）に変換するコンピュータ処理のことである。この用語は，コンピュータの発明以来，長い間使用されてきたが，コンピュータの処理対象がより複雑で高度なものになるにつれて，情報処理（information processing）という用語が好んで使用されるようになった。現在では，データ処理システムは，情報処理システム（または，単に情報システム）とも呼ばれ，ほぼ同義とされる。このことは，「データ処理＝コンピュータ処理」と「データ処理＝情報処理」との構図から，「情報＝コンピュータ」という構図が形成され，また同時に，「情報＝データ」という構図も生じている。そのため，「情報」は「コンピュータ」の意味で使用され，「データ」も「情報」も区別できない現状を引き起こしている。その結果，「○○の情報化」といえば，「○○のコンピュータ化（電算化）」と考えるのが常識ともいえる状況になっているのである。このような状況は，これ自体で大きな問題が生じる訳ではない。しかしながら，「情報教育」

```
情報化とはコンピュータ化ですか？
データ処理＝コンピュータ処理
データ処理＝情報処理
        ↓
   情報＝コンピュータ
        ↓
○○の情報化＝○○のコンピュータ化
情報教育＝コンピュータ教育
```

図1　情報化＝コンピュータ化

においては，いささか問題が重大である。つまり，「情報＝コンピュータ」の構図は，「情報教育＝コンピュータ教育」の構図となり，誤解を生じてきたのである。すなわち，情報教育とは，単なるコンピュータ教育（スキル教育）ではなく，情報活用の実践力，情報の科学的な理解，情報社会に参画する態度，の3つの観点からバランスよく構成されるものとして位置づけられるとともに，情報のモラルや安全に関わる教育についても強調されているところである。

本来，情報は，物（物質）とは異なる特徴を有し，これは時として長所であり，短所でもある。つまり，情報は，直接にはコンピュータと無関係であり，特に情報社会では，情報のもつ特殊性を理解することが重要である。

2）各分野における情報化

コンピュータの誕生から30年程経過した頃，様々な分野においてコンピュータ利用が進められた。1970年代はコンピュータの機能をどこに利用・応用するかという課題があらゆる分野の緊急なテーマとなったのである。これが，いわゆる社会の情報化と総称されることになるが，しかしながら，単に，社会の情報化といっても，それぞれの分野により，コンピュータ利用の考え方は様々である。

例えば，効率化・最適化という考え方は，会社などのビジネスの現場では欠くことはできないもので，コストとパフォーマンスとの関係で議論されることが多い。しかしながら，教育の分野では必ずしもそうでないのである。特に，児童生徒の学習においては，効率化を進めるあまりに，学習時間の短縮，教育経費の削減，答えの暗記，などに重点が置かれたこともあり，課題解決過程が軽視されるという懸念もあった。課題解決過程自体がいわゆる学習過程そのものであり，これを短縮・簡略化することは，学習の深化を伴わないことが多いことに気づいたのである。その結果，教育の世界では，効率化を無視しても良いという極論も時に妥当性をもつと考えられたこともあり，情報化の概念とともに，その推進において困難な状況を生じることもある。

結局のところ，情報化に伴う新しい教育の在り方を探ることは永遠の課題であるのかもしれない。その為には，量的な面だけでなく，質的な面においても充分に考察されなければならないだろう。

```
会社における業務の情報化
学校における教育の情報化
病院における医療の情報化
銀行における金融の情報化
店舗における決済の情報化
          ：
```

図2　各分野における情報化

したがって，ここでは，各分野における情報化について，少し考察を加えておくことにしよう．

①会社における業務の情報化

「オフィスオートメーション」という言葉をご存じだろうか？

現在では，あまり見聞きすることはなくなったようであるが，筆者が大学生の頃によく目にした言葉である．この用語は，OA と略して表現され，いわゆる会社における各種業務の情報化のことで，1970年代から構想され1980年代において普及したものである．当時は，OA により職場はペーパーレス化が進むといわれた．しかし，OA 機器が導入されても一向にペーパーレス化が進むどころか，印刷の便利さ・低価格化により，むしろ紙があふれる状況となったのである．その後，OA という表現は次第に使用されなくなり，現在では「OA 機器」という表現が少し残っている程度である．しかしながら，現在のオフィスには，OA とは表現しないものの，既にコンピュータやネットワークは欠かせないものとなっている．今まさに「新 OA 時代の到来」といえるかもしれない．

②学校における教育の情報化

同じ頃（1970年代），学校における教育の情報化についても，話題に上がっている．当時は，「教育へのコンピュータ利用」といわれた．その利用形態については，CAI (Computer Aided (Assisted) Instruction) と CMI (Computer Managed Instruction) に大別し，対比的に説明されることが多かったと記憶している．その中にあって，藤田広一先生（当時，慶應義塾大学工学部長，教授）が「教育情報工学概論」（1975，昭晃堂）を上梓されたことにより，情報工学の教育分野への応用が大きな話題となり，いわゆる教育工学分野への研究費が増大するにつれて，この分野に関心をもつ研究者・教育者の層が次第に厚くなり，教育の情報化が加速していったのである[1]．筆者のもともとの専門は情報工学であり，研究対象として，医用工学から教育工学の分野に転向したのも，丁度この頃（1980年代）であった．

③病院における医療の情報化

教育の分野とともに情報化が進まないとされていたのが，病院である．しかし，

最近では大病院において電子カルテの導入が進んでいる。健康で病院に縁の少ない人にとっては、たまに診療を受ける際に驚くことだろう。また、病院に詳しい方にとっては返って気づかないかも知れないが、子どもの頃を思い出せば、その違いに気づくことだろう。紙のカルテが電子化されることにより、物理的な管理が不要になり、紛失の恐れが少なくなり、キーワードのよる検索やデータの絞り込みなどが容易にできることから、2次的な利用にも期待が上がっている。また、電子カルテシステムは、その枠組みを超えて、総合医療情報システムに発展し、会計管理、手術管理、リハビリ管理、入院管理、検査管理、…、などの病院が行っている多くの業務が対象となる総合的なシステムへの広がりをもっている。

④ 銀行における金融の情報化

　銀行関係では、インターネットバンキングが代表的な例であろう。すなわち、私たちは、残高照会、振込・振替、公共料金の支払いのほかに、ローンの申込みや、金融商品の売買などにおいて、銀行窓口に訪問することなく、同等のサービスを受けることができるので大変便利で、さらには、窓口よりも低料金の場合もあるので、普及が進んでいる。携帯電話やスマートフォンなどのモバイル機器からの利用も可能なので、オンラインバンキング、モバイルバンキングと呼ばれる。

　一方、安全な利用のためにはどのようなことを知り、どのように対応しなければならないのだろうか。これが本書のテーマでもある。

⑤ 店舗における決済の情報化

　店舗で特に注目されるのは、コンビニエンスストア（コンビニ）と大型小売店（スーパーマーケット）であろう。例えば、コンビニでは、電子マネーを活用して、チケットの購入、各種料金の支払い（決済）が可能で、POSシステムを活用して、商品の売れ行き状況の分析から需要予測、商品の発注など、およそ店舗が行う業務を超えて複雑な情報処理サービスを可能としている。私たちの安全・安心な生活を維持する上で、日常生活と密接に関係する店舗の情報化は見逃すことができない。

参考文献

(1) 藤田広一：教育情報工学概論，昭晃堂，1975．

1-3 情報の社会化

1) メディアの社会化

　情報機器の中枢は，コンピュータである。以前では，コンピュータを大型，中型，小型と分類するとともに，個人単位で使用する用途のものをパーソナルコンピュータ（PCまたはパソコン），もっと小さくして家電製品等に組み込み可能なものをマイクロコンピュータ（マイコン）と呼んでいた。このことからもわかるように，コンピュータの歴史は，小型・軽量化の歴史でもある。しかし，コンピュータの進展はそれだけではなく，他に多くの視点がある。ここでは，もう1つの視点として，ネットワーク化の進展を取り上げたい。それは，コンピュータの進展を，①ネットワーク化の潮流と，②小型・軽量化の潮流，との2つの面で考察するとわかりやすいからである。

規模（大きさ）
・大型コンピュータ
　（メインフレームコンピュータ）
・中型コンピュータ
・小型コンピュータ
　（ミニコン）
・マイクロコンピュータ
　（マイコン）

用途
・パーソナルコンピュータ
・ホームコンピュータ
・ホビーコンピュータ

図1　コンピュータの分類

　本書では，【社会の情報化】については，主に上記の①の視点で捉え，情報社会の特徴について考察している。次に，この①の視点に②の視点をも加えて，メディアのソーシャル化として捉えることにより，ソーシャルメディア社会の特徴を見出すことができる。筆者は，この現象を【情報の社会化】と呼んでいる。
　それでは，情報の社会化において，技術的側面から考察してみよう。

①大型コンピュータ（電子計算機）

　大型コンピュータ（電子計算機）は非常に高価で繊細な機械装置のため，それを操作するには専門的な知識と経験が必要とされた。一般の利用者はプログラムを作成してもそれをパンチカードに記録するまでであり，その後の操作，すなわち，プログラム読込・伝送，計算・出力等の操作を専門家に委ねられた。
　筆者が本格的に電子計算機を使用したのは1970年代後半で，慶應義塾大学情報科学研究所に設置されたUNIVAC1106システム（米国UNIVAC社製）をリ

モートバッチ（遠隔一括処理）方式により提供されたものだった。当時としては，高速回線で結ばれた端末機を自分で操作して即座に結果を手にすることができるもので，電子計算機に接続された端末機を自らの手で触れるということに何か誇りを感じたものだった。当時，それは「カフェテリア方式」と呼ばれていた。

②パーソナルコンピュータ（PC）

　当初においてパーソナルコンピュータという用語は日常的に使用されても，論文等ではあまり使用されなかった。専門家の中では，コンピュータの分類として，大型，中型，小型等は容易に受け入れられたが，パーソナルという表現には抵抗があった。筆者自身も論文の中でパーソナルコンピュータという用語の使用には抵抗があり，それでも使用する際には，「…マイクロコンピュータ（以降では，パーソナルコンピュータという）…」のように注釈を付して記述したものである。それはCPUにマイクロプロセッサを使用したコンピュータであることから，マイクロコンピュータ（マイコン）の表現が適切とされたからである。したがって，パーソナルコンピュータは，用途による分類のホームコンピュータやホビーコンピュータと同列に扱われ，認知されるまでに相当の時間を要した。

　我が国でのパーソナルコンピュータは，1979年のPC8001シリーズ（NEC社製）が有名である。これ以外にも数種のワンボードマイコンが見受けられたが，個人用というよりも工業用としての利用が多かった。その後，パーソナル，すなわち，個人用途のコンピュータとして発展し，認知されるとともに，略語の「パソコン」や「PC」も抵抗なく使用されるに至ったのである。

③モバイル化（固定電話から携帯電話へ）

　各年度に発行される情報通信白書（総務省）によれば，固定電話の加入者数は，1996年まで増加傾向にあったが，この年をピークに翌年以降は減少に転じている。一方，携帯電話の加入者数は年々増加し，固定電話の加入者数を超えたのは，2000年である。同時に公衆電話の施設数は減少し，1990年代前半頃まで80万台を維持していたが，その後20年間で4分の1程度になった。携帯電話の普及が大きく影響していたといえる。

　また同時に携帯電話は，敢えて「ケータイ」といわれ，電話機能以外の機能として，メール，Webサイト閲覧，カメラなど多くの機能を搭載したマルチ用途

の情報端末に発展するとともに，ネットワーク機能を強化して，高速化，低価格化，大容量化，…，などの進展を遂げて，スマートフォンのようなモバイル型の情報通信端末が普及している。この現象を解説する必要はないかもしれないが，本書で強調したいのは，技術的な進展ではなく，そのことにより生じる各種機能の変化（情報メディアのパーソナル化・モバイル化）が結果として，ソーシャル化をもたらすということである。

④メディアの社会化（個人から社会へ）

コンピュータは，その名の通り，もともと数値処理を目的として発明されたものである。しかしながら，数値だけでなく，文字，音声，画像，…，など，マルチメディアの効率的なデータ処理が可能となり，情報処理から知識処理の域に進んでいる。

その際の特徴は，①個人の所有する情報端末が，②それらを接続するネットワークを背景にして，③そこで提供されるクラウドコンピューティングにより，④コミュニケーションを行って，⑤新しいコミュニティを形成して，⑥社会的な営みを生じることにつながることである。

```
メディアの社会化
①個人所有の情報端末（メディア）が
        ↓
②モバイルネットワークを背景に
        ↓
③クラウドコンピューティングにより
        ↓
④コミュニケーションを行って
        ↓
⑤新しいコミュニティを形成して
        ↓
⑥社会的な営みを生じる
```

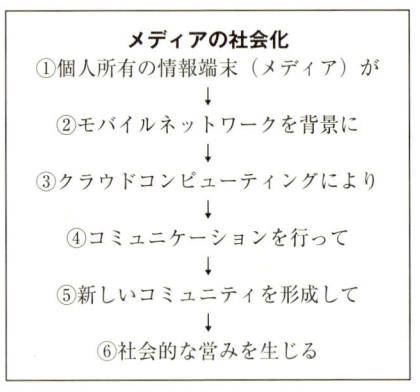

図2　メディアの社会化

2）クラウド型知識基盤社会

中央教育審議会答申「我が国の高等教育の将来像」（2005年1月）では，来たる知識基盤社会を「新しい知識・情報・技術が政治・経済・文化をはじめ社会のあらゆる領域での活動の基盤として飛躍的に重要性を増す社会」と定義し，知識基盤社会の特質として，

①知識には国境がなく，グローバル化が一層進む。
②知識は日進月歩であり，競争と技術革新が絶え間なく生まれる。
③知識の進展は旧来のパラダイムの転換を伴うことが多く，幅広い知識と柔軟な思考力に基づく判断が一層重要になる。
④性別や年齢を問わず参画することが促進される。

をあげている。このように，私たちを取り巻く生活環境は，クラウド型のディジタル環境へ進展した知識基盤社会を目前にしているが，一般にはまだ関心が高いとはいい難い状況であり，今後の教育を考察する上で大きな課題となっている。

> **知識基盤社会の特質**
> ① 知識には国境がなく，グローバル化が一層進む。
> ② 知識は日進月歩であり，競争と技術革新が絶え間なく生まれる。
> ③ 知識の進展は旧来のパラダイムの転換を伴うことが多く，幅広い知識と柔軟な思考力に基づく判断が一層重要になる。
> ④ 性別や年齢を問わず参画することが促進される。

図3　知識基盤社会の特質

私たちを取り巻く環境は，情報化の進展により飛躍的に便利な社会になっているが，その反面，深刻な問題を惹起している。筆者は，このような環境を，「ディジタル環境」と呼び，これを基盤に構築される社会を「ディジタル社会」と呼んでいる[1]。身近な例では，情報環境の急激な変化によりコンピュータや情報技術を利用するための知識・技術を常に習得・更新し続けることは，仮に一部の人々には可能であっても，一般には非常に困難な状況といわざるを得ない。このように情報化の進展により，私たちを取り巻く生活環境が，内容や本質の理解が困難な環境へと変化していく状況は，まさに「情報環境のブラック・ボックス化」であり，ディジタル環境が及ぼす影響の1つといえる。

しかし，もっと困難な問題が私たち自身とそれを取り巻く社会に内在しているのである。それは，私たちの意識や認識・判断への影響が，社会的な価値観に変化を与えているという問題である。現実世界はますます仮想化し，仮想世界はますます現実に迫る。そして，その仮想世界が現実世界と同等の（またはそれ以上の）影響力をもって新たな社会を形成していることであり，単なる現実世界からの考察では，もはやどのような現象が生じていて，それがどの程度，現実世界に影響を与えるものなのかを判断するのが極めて困難な状況になってきている。このようなソーシャルメディア社会において究極の課題は，如何にして，「新しいメディアの活用により，安心して安全に生活を営むことができるか」ということである。

参考文献
[1] 松原伸一：ディジタル社会の情報教育〜情報教育を志す人のために〜，開隆堂，2002.

1-4 人間・コミュニティ・社会

1）人間・コミュニティ・社会の情報学的シェーマ

　ソーシャルメディアの機能が拡大した社会（ソーシャルメディア社会）では，物理的な空間における営みだけではなく，情報の社会化による影響を受けて，ネットワーク上の仮想的な空間における営みが加わり，複雑な特質をもっている。このような状況を前提にして複雑な考察を行うには，ミルズ（Mills）の社会学的想像力[1]に配慮して，自らを律しながら謙虚に進めたいものである。そこで本節では，分析・考察の枠組みに際して，次の3つのキー概念，すなわち，人間・コミュニティ・社会に対して，情報学的な捉え方を加えて3つのシェーマによる検討を施したい。

　シェーマ（Schema，独語）とは，英語のscheme（スキーム）に該当するもので，図式や形式を意味するものとされる。筆者は，分析・考察の対象とする概念に対して，その論理的または物理的な構造を，情報学的シェーマと呼んでいる。それは，情報学をベースに解釈する方法としての形式・図式を意味する。そこで，本書では，人間・コミュニティ・社会の考察に際して，①三層構造，②三重構造，③三極構造の3つの情報学的シェーマにて解釈することから始めたい。

　ここで，敢えて情報学的を付して修飾する意味は，人間・コミュニティ・社会のそれぞれの構成単位において，メディアの社会的な機能により情報流が生じ，必ずしも物理的な制限を受けない環境を想定しているからである。

①人間・コミュニティ・社会の三層構造シェーマ

　このシェーマでは，人間・コミュニティ・社会のそれぞれの構成単位が，各層を独立に形成し，それぞれの層の間で互いに情報流を生じるもので，単純であるが交流の基本形として位置づけることができる。すなわち，人間の層では，人間⇔人間，コミュニティの層では，コミュニティ⇔コミュニティ，社会の層では，

社会	⇔	社会
コミュニティ	⇔	コミュニティ
人間	⇔	人間

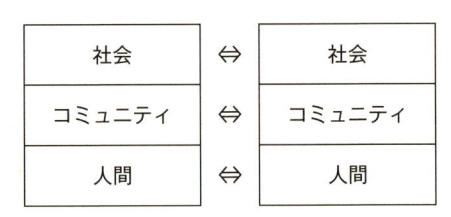

図1　三層構造シェーマ

社会⇔社会，のように，それぞれの所属する層の中で情報流を生じ，他の層への情報流が生じないとするものである。

②人間・コミュニティ・社会の三重構造シェーマ

このシェーマでは，人間の最小単位が個人であり，複数の個人がコミュニティを形成し，そのコミュニティが社会を構成するという包含関係に着目している。

これは，人間を中心に置き，コミュニティへ，さらに社会へと視野を広げることにより，情報流の広がりを解釈しようとするもので，1人の人間（個人）を特定し，その特定された個人を視点に，コミュニティへの関わり，そして，社会への関わりを考察する上で重要なものである。

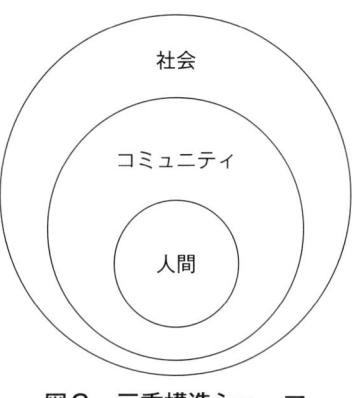

図2　三重構造シェーマ

③人間・コミュニティ・社会の三極構造シェーマ

このシェーマでは，人間・コミュニティ・社会の各構成要素が，メディアの社会的機能を最大限に活用して，物理的な制約を完全に排除し，それぞれが互いに情報流を生じるもので，各構成要素にとって最も自由な形態である。

このような状況を解釈するためには，ソーシャルメディア社会の特殊な在り様（超空間）について考察することが必要である。

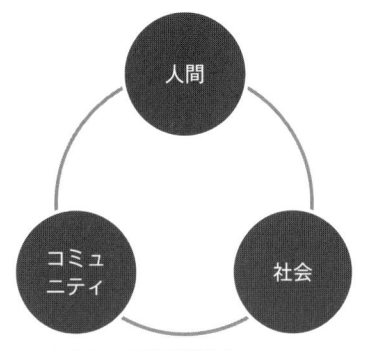

図3　三極構造シェーマ

つまり，人間は，コミュニティにも，社会にも，直接に情報流を送出することができるし，また同時に，コミュニティからも，社会からも，情報流を受け取ることができるのである。

2）ソーシャルメディア社会の超空間

　コミュニケーションの形態は，1対1（1→1），1対多（1→多），多対1（多→1），多対多（多→多）の4つに分類できる。そこで，1については個人の人間を，多については，複数の人間で構成されるコミュニティを当てることにしよう。

①個人の場合：1人の人間

　まず，個人の人間同士の場合を考えよう。例えば，従来型の携帯電話の場合と想定すればわかりやすい。つまり，ある人間（Aとする）と別のある人間（Bとする）の交流である。

　Aには，氏名，年齢，職業，性別，趣味，学歴，…などの属性（個人情報）があり，もちろん，Bにもそれぞれの属性がある。従来型の携帯電話での交流では，互いに，それぞれの個人情報の一部（少なくとも，氏名や電話番号）を共有して，その前提の上で成立するコミュニケーションである。

　これを，ベクトルA及びベクトルBとして，数式で表現すれば，

　　A ＝（氏名，年齢，職業，性別，趣味，学歴，…）
　　B ＝（氏名，年齢，職業，性別，趣味，学歴，…）

　これに，ソーシャル化したメディアを使用すればどうなるだろうか？
　ネット上での掲示板を例にすればわかりやすいだろう。
　つまり，Aには，現実とは別の人間 A_1 を演じることが可能で，また，別の板では別の人間 A_2 を振る舞うことも可能である。その際の A_1，A_2，…，はそれぞれ，氏名，年齢，…，などの属性を別々にもつことができるので，これを数式で表現すれば，

　　A ＝ $\{A_1, A_2, \cdots, A_n\}$，または，**A** ＝ $\{A_i\}$，ただし，i ＝ 1, 2,…,m
　　　mは，1以上の整数

となり，**A** は，ベクトル A_i の集合体でマトリクスである。また，同様にして，人間Bについても，

　　B ＝ $\{B_1, B_2, \cdots, B_n\}$，または，**B** ＝ $\{B_i\}$，ただし，i ＝ 1, 2,…,n
　　　nは，1以上の整数

と表現できる。

②コミュニティの場合：複数の人間

　あるコミュニティ Γ（ガンマ）では，参加する個人を A，B，…として，構成

する個人の属性（マトリクス**A**，**B**，…）を使用して，次のように表現できる．

　Γ＝［**A**，**B**，**C**，**D**，…］

　また，そのコミュニティは，ソーシャル化したメディア上では，別の属性で機能することも可能なので，

　Γ＝｛Γ$_i$｝，ただし，i＝1, 2,…, p　　（pは，1以上の整数）

と表記することができ，コミュニティを多次元空間上に展開することになる．

　この先の展開では，表現が複雑になるので，これ以上の進行は避けることにするが，関心のある方は，独自に展開されると良いだろう．結局のところ，

（1）1対1の場合　　写像：マトリクス**A** → マトリクス**B**
（2）1対多の場合　　写像：マトリクス**A** → 多次元空間Γ
（3）多対1の場合　　写像：多次元空間Γ → マトリクス**A**
（4）多対多の場合　　写像：多次元空間Γ$_1$ → 多次元空間Γ$_2$

のように，まとめることができる．ここで，Γ$_1$及びΓ$_2$は，それぞれ異なる多次元空間である．筆者は，多対多のコミュニケーションを，多次元空間から別の多次元空間への写像現象として捉えることで，この関係性をソーシャルメディア社会の超空間と呼んでいる．

3）ソーシャルメディア社会の情報流

　ソーシャルメディア社会を前述のような超空間として認識すれば，人間にとっての情報流はどのように定義されるのであろうか．

　1人の人間 A に着目すれば，**A**＝｛A$_1$，A$_2$，…，A$_n$｝のように示されるので，n 通りの人格が形成され，その人格ごとに，他の人間 B，C，…，へのそれぞれの人格と交流があり，また，同時に，他のコミュニティや，他の社会へと交流しているということになる．このように多次元的で，かつ，同時的に発生する複雑な現象を図示することはもはや不可能といわざるを得ない．したがって，その状況を正確に説明することは困難であり，聡明な読者の皆様の創造力に期待したいものである．

参考文献

（1）C. Wright Mills：The Sociological Imagination, Oxford University Press，1959.
　／ミルズ著，鈴木広訳：社会学的想像力，紀伊国屋書店（新装版），1995.

1-5 情報の社会化による新たな限界

1）「社会の情報化」と「情報の社会化」

「社会の情報化」という表現は，馴染みのあるものである。これは，コンピュータの発明，情報のディジタル化，データ処理の自動化・高速化，ネットワーク化，などの進展が，私たちの周辺環境だけでなく社会全体において情報化されることを意味し，情報社会の概念の源流となっている。

一方，情報メディアは，パーソナル化，モバイル化，クラウド化，ソーシャル化へと進展し，そこで流通する情報は，新たなコミュニティや社会を形成している。このような特徴を捉えて，筆者は，「情報の社会化」と呼んでいる。

つまり，ネット上の各種サイト（掲示板，ブログ，まとめサイト，…）や，無料電話等のサービス会社が提供するメッセージ交換サイト，画像やテキストなどをネット上にアップして情報共有を行うサイトなどの他に，仮想空間を共有するサイト，新しいビジネスモデルに基づくサービスなど，次々に広範に渡るサービスが登場している。

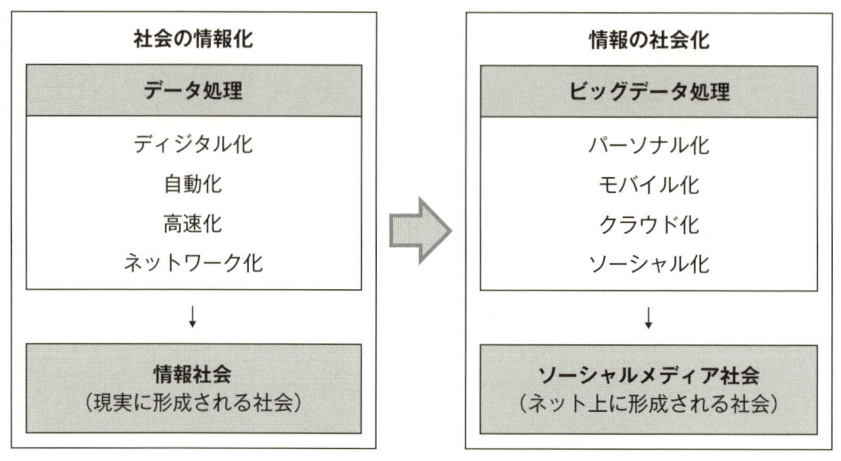

図1　「社会の情報化」と「情報の社会化」

2）情報の社会化により生じる4つの限界

　私たちの周辺環境は急激に変化している。そしてその変化は，情報化の進度に比例するのではなく，ある程度進めば，多くの点で大きく変化し，場合によっては価値観が逆転することも少なくないのである。筆者は，そのような状況を踏まえ，社会の情報化による具体的な現象として，次の4つを指摘している[1]。

①社会の情報化により，以前において可能だったことが不可能になり，またその反対に，不可能だったことが可能になる状況により，
　　　　　　　　　　　　・・・【可能・不可能に限界】
②私たちが今までに経験したことが有効に機能しない事態が発生し，　　　　　・・・【経験則に限界】
③今まで大事に処理されてきた前例が，参考にならなくなって，　　　　　・・・【前例主義に限界】
④結局，今までの価値観が変わってしまったり，または，逆転したりすることになるのである。
　　　　　　　　　　　　・・・【価値観に限界】

可能・不可能に限界
↓
経験則に限界
↓
前例主義に限界
↓
価値観に限界

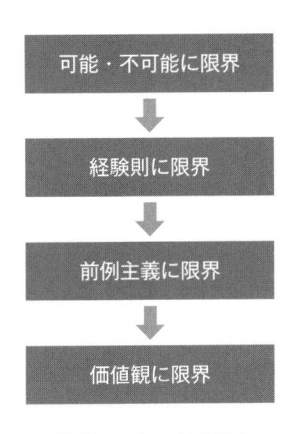

図2　4つの限界

それでは，具体的にそれぞれの限界について考察してみよう。

①可能・不可能に限界

　情報化の進展により，可能であったことが不可能になっている。例えば，街の公衆電話は次第に姿を消しているため，携帯電話を忘れた時などは，大変不自由を感じることがある。また，以前には普通に家にあった「百科事典」も発行されなくなり，子どもの頃の興味を深める好機を逸している。

　その一方で，不可能だったことが可能になった例をあげれば，無数になるだろう。このことは，学習活動にとって大きな問題であり，各所において「活動あって学びなし。」と揶揄されることが多くなってきている。それは，もともと不可能だったことが，ICT活用により容易に可能になったことに起因することが多い。例えば，「コピペ（コピー＆ペースト）」のように，ネット上の情報をコピーして貼りつけるだけで，レポートが完成してしまうということに象徴される。つまり，これは，できるけれどもわかっていないことが問題なのである。もともと「でき

る」とは，「わかる」ことの結果と考えられてきた。またその逆に，わかっていてもできない場合もあることから，学習指導案の作成や，学習目標の設定などにおいては，「活動」を通して「できる」ことに重点が置かれてきたという経緯がある。

しかしながら，「コピペ」のように社会の情報化によって，「できること」が必ずしも「わかること」を担保していないということに留意する必要がある。

他にも，携帯電話の普及により…，インターネットの活用により…，SNS (Social Networking Service) の利用により…，と考えれば，この種の事例を幾つでもあげることができるだろう。このような特徴は，私たちの周辺環境が大きく変わっていることを意味するのである。

②経験則に限界

ここでの経験則とは，経験から帰納された事物の考え方や法則と考えている。

例えば，「津波の安全対策は？」のように，その対策を考えなければならない時に，「今まで津波が来なかったから，大丈夫だ」というような判断に限界があることは周知の事実である。また，「この背高の収納庫は，地震が起きたら倒れて危険かもしれないね。だから，鎖で留めておくべきでは，…」というような場合でも，時には「大丈夫，大丈夫」という意見が出てこないだろうか？

その後，残念にも地震の発生により収納庫が倒れたとしたら，その「大丈夫」の根拠はどこにあったのだろうか。恐らく「地震は起こらないだろう」と楽観的に判断していたからではないだろうか。つまり，「○○が起きたら…」という条件のもとに判断を求められているにもかかわらず，「○○は起こらないだろう」という経験による想定で判断しているためかもしれない。このような現象は，「現実は経験を超えている」からであり，常に想定外が起こる可能性があることを意味すると同時に，「自らが経験した世界は，既に変わっている」場合も少なくないことを示唆している。すなわち，前例には貴重な知識が詰まっているが，万能ではないことを予感させるのである。

③前例主義に限界

例をあげれば，「今年の○○○は，どのようにしましょうか？」という場合に，「昨年のやり方でいかがでしょう」という受け答えはないだろうか？　また，会

議などにおいて，「今回ご提案するものは，特に変更したところはなく，昨年と同様ですので，ご承認下さい」というような進行は，よくあるものである。もちろん，これ自体が問題であるという訳ではなく，議事をスムーズに進行させる上で，重要な策の一つかもしれない。

しかし，前例が承認されているので，変更や修正が加えられないが故に，承認を求めるものであり，もしかしたら，時代や社会が既に変化しているのに，それに対応していないのかもしれない。その結果，出遅れたり，当初の期待に合わなくなったりはしないだろうか？　「前例通り」という際には，常に「新提案」が必要かどうかを判断した後で決めることなのかもしれない。このような状況は，結局のところ今までの価値観に影響を与えることになる。

④ 価値観に限界

例えば，最近では「大事なことは，皆で集まった会議で決定してはいけない」とするところが注目されている。恐らく一般的な今までの感覚としては，「大事なことだから，皆で集まった会議で決める」というのが普通であった。もちろん，このことは今でも一定の有効な考え方であることに違いがない。

しかし，ある会社では，会議をするにも「部長は今週，ニューヨークに出張で，…」とか，「課長は昨日より福岡支店に出向いており，…」ということが重なり，常に欠席者を見込んで会議の開催をすることになる。つまり，どのような組織でも，会議では重要な人物ほど欠席することが多くなるからである。

結局のところ，顔を合わせる会議では，意見を交換し検討を重ねるまでとし，その後は，適切な情報メディアを活用することで，全員の意見を集約して（特に重要人物の意見も配慮して）解決することが日常となっている。つまり，先ほどの会社の例では，ニューヨークにいる部長も十数時間後にはICTにて意見を表明できるし，福岡にいる課長も，夕方になれば業務も終わって，ICTにて考えを説明できるからである。

参考文献

(1) 松原伸一：情報化がもたらす限界と課題 - 教育の新科学化 -, 日本情報科教育学会誌, Vol.5, No.1, pp.88-89, 2012.

1-6 ソーシャルメディア社会

1）ソーシャルメディア

　ソーシャルメディアは，もともとWeb2.0の概念を具体化したものとして取り上げられることが多く，Tim O'Reilly氏によるところが大きい。また，SNS（Social Networking Service）と混同されやすく，現在でも厳密な定義が定着している訳ではない。むしろ，現在進行形のために捉えにくいという点は否定できない。

①ソーシャルメディアという表現

　ソーシャルメディアという表現は，平成22年度版情報通信白書から本文に登場し，平成23年度版情報通信白書から毎年，巻末資料「用語解説」に掲載されている。そこには，「ブログ，ソーシャルネットワーキングサービス（SNS），動画共有サイトなど，利用者が情報を発信し，形成していくメディア。利用者同士のつながりを促進する様々なしかけが用意されており，互いの関係を視覚的に把握できるのが特徴。」と記されている[1]。

　また，図1は，ソーシャルメディアの利用実態に関する調査研究[2]で例示されたものである。

ソーシャルメディアの例
・ブログ
・動画共有サイト
・掲示板
・SNS
・情報共有サイト
・マイクロブログ
・ソーシャルゲーム
・コミュニティ放送
・メタバース
・拡張現実

図1　ソーシャルメディア

②ソーシャルメディアの機能

　ソーシャルメディアとは，多数の個人がネットワークを利用して接続し，誰もが参加できるように設計されたコミュニケーションのための手段といえる。つまり，人間が個人として情報発信し，その個人が帰属する組織，さらには，その組織と組織の間における情報流が，特定のコミュニティを形成し，インターネットを経由することで広く拡散して，現実世界に大きく影響を与えるコミュニケーション手段で，人間・コミュニティ・社会の構成要素の間を自由に流通する社会的基盤となっている。その際，特筆したい機能は「集合知」である。集合知とは，

多くの人から大量の情報を集めたもので，この利用例としては，検索エンジンで他のサイトからリンクを受けた順にソートしたり，オークションサイトで入札する際，出品者に対する「過去の評価」を参照したりすることがあげられる[3]。

③ソーシャルメディア社会

　ソーシャルメディア社会とは，ソーシャルメディアが社会の重要な基盤（インフラ）として機能し，現実世界とネットワーク上に形成された複数の仮想世界とが多重化した空間を意味する。したがって，ソーシャルメディアを介して，現実世界と仮想世界を多重化して，クラウド型知識を互いに共有することができるのである。

2）ソーシャルメディア社会の特徴

　ソーシャルメディア社会の特徴を考察するには，インターネット利用を無視することはできない。

　そして，ソーシャルメディア成立の背景には，
- 情報端末のパーソナル化／モバイル化
- ネットワークの高速化／クラウド化
- 社会の情報化／情報の社会化

などをあげることができる。

　筆者の考える特徴とは，**図2**に示す通りである。

```
ソーシャルメディア社会の特徴
①即断を迫られる社会
　→スピード重視
②割込みを頻繁に受ける社会
　→ケータイ（軽態）なモラル
③十分に思考することができない社会
　→判断に時間をかけられない
④答え探しの社会
　→自分で解決策を模索しない
⑤議論が回避／炎上の2極化する社会
　→現実から逃避
```

図2　ソーシャルメディア社会の特徴

①即断を迫られる社会

　最近では特に電子メールの利用が多くなっている。携帯メールも含めれば，情報のやり取りについては，手紙で連絡を取ったり，電話で用件を伝えたりするよりも，はるかに多くのケースにおいて，電子メールを使用し，各種のソーシャルメディアも利用している。

　そこで，ソーシャルメディアを介して，例えば，「○○についてご意見を下さい。」のようなメッセージを受信した時のことを想像してみよう。

　私だったら，多くの場合，その当日中に，返事を出さなければならないような

状況と考え，少なくとも送信者の意図は，直ぐに応答をもらいたいと考えているに違いないと思うだろう。そして，万一，応答に数日かかったりすれば，「遅れてすみません。」のような一文を添えることが礼儀と考えるかもしれない。

昔ならば，応答に1カ月やそれ以上もかけることもあっただろうが，現在では，そのようなことはあまりない。したがって，もし1か月も放っていると，「断られたもの」として取り扱われるかもしれない。現在では，熟慮して時間をかけて答えるよりも，即断して早く応答することの方が，重要と考えられているのである。このようなスピード重視の価値観は，時にサイトの炎上を引き起こしたり，問題解決の方法に重大な影響を与えたりすることがある。

②割込みを頻繁に受ける社会

現在では，何かを連続的・継続的に行うことが困難である。特別な環境に置かれない限り，私たちは，常に割込みを受ける状態を継続しているのである。それは，電話がかかってきたり，メールが届いたり，訪問があったり，…，というような従来の割込みだけではない。ソーシャルメディアの出現により，爆発的に増大した情報が，各種の通信手段を通して，私たちの日常生活に直接降りかかってきているのである。このような頻繁な割込み状況では，ストレスが無意識のうちに蓄積することになり，人間の思考活動に大きな影響を与えることが懸念されるのである。

③十分に思考することができない社会

前述の状況を言い換えれば，継続して思考することが困難になってきているということである。そして，現代人は，以前にも増して，多数の問題を同時に抱え込んでいるため，それらを並行して処理（解決）しているのである。したがって，1つの問題にかけられる時間に限度があるため，判断に時間をかけることができない社会となっている。このような思考不足の状況は，自らの判断に自信をもつことができなくなったり，或いは，無意識のうちに自ら判断することを敬遠したりするという懸念が生じるのである。

④答え探しの社会

その結果，時間がかかる手段をなるべく避けて，容易にかつ簡単に答えを見つ

けようとするのである。その際，ソーシャルメディアは，まさにこのような要求に応えてくれる重宝な手段といえるだろう。例えば，検索エンジンは，無数に広がる世界中のWebサイトから関係する情報を一瞬にして検索して表示してくれるからである。問題解決の手段として，検索を使用するのは必然といえるが，本来なら自分で考えて問題を解く必要がある場合でも，検索エンジンでは，答えを検索して表示することも可能な場合もあり，その使用には注意を要する。特に，一般社会人が効率化のために使用する場合はさて置き，問題を解決することを学ぶ場としての学校教育においては，十分な配慮が必要になることがある。

⑤ 議論が回避／炎上の2極化する社会

　一般に問題を解決するためには，時間がかかるものである。それがもし合意形成を必要とするものであれば尚更である。例えば，会議等において早く結論を得るには，反対意見が出ないようにしたり，議論をする時間を短くしたりして，なるべく批判を受けないような工夫が重宝されている。

　また，同時に私たちの価値観とてして，KY（空気が読めない）と思われるのを恐れたり，無意味にわかりの良い人物を演じてみたりして，無意識のうちにそのような人物が好まれる状況が「友だち」として形成されることになるかも知れない。このような，お友だちの集団は，趣味やサークルなどの嗜好にかかわる世界では，仮に成功する場合があるかもしれないが，それ以外の多くの組織では，判断に誤りが生じたり，またはその誤りを認めなかったり，責任の所在を明確にするのを怠ったりして，集団としての正しいガバナンスが発揮されないことがある。

　一方で，ネットの中では，匿名を前提に上記の条件が成立せず，歯止めが無くなって，炎上することも少なくないだろう。いずれにしても，議論回避と炎上の2極化が懸念される特徴といえるだろう。

参考文献

(1) 総務省：平成22年度版〜平成25年度版情報通信白書，2010-2013．
(2) 総務省：ソーシャルメディアの利用実態に関する調査研究，総務省情報通信国際戦略局情報通信経済室，2010．／みずほ情報総研㈱：ソーシャルメディアの利用実態に関する調査研究請負（報告書），みずほ情報総研株式会社，2010．
(3) 神田敏品：Web2.0でビジネスが変わる，ソフトバンク新書，2006．

コラム1　IT（情報技術）とICT（情報通信技術）

1）ITという語の歴史的経緯－教育分野からの考察－

　Information Technology は，米国でも昔から使用されていた訳ではない。

　1987年12月の教育課程審議会答申で，中学校「技術・家庭」科に新領域「情報基礎」が設置されることになり，「情報基礎」の英語名をどのように決めたら良いかということが話題になった。私たち関係者は海外の文献を調査したり，海外の友人（研究者）に相談をしたり，自らの海外渡航の経験などによる知見を互いにもち寄って意見交換を行った。協議の結果，Information Science は問題ないとされたが，Information Technology はあまり見られないというのが共通認識であった。しかし，Faculty of Science and Technology（理工学部）という表現があるように，Science の後に Technology をいう語をつけるのは自然であるとの判断から，Information Science and Technology という表現に落ち着いたのである。

　結局，「情報基礎」の英語名は，Fundamentals on Information Science and Technology とし，結構な長さになってしまった。Information Technology という簡潔な語が誕生していなかったからであり，やむを得ない結果といえるだろう。

　一方，教科「情報」は，高等学校において，2003年度より年次進行で実施されることになった新しい教科である。この教科の英語名については，当初，Information Technology とする関係者も多かった。

　ところで，米国では，いつ頃から Information Technology という語が使われるようになったのだろうか。

　米国には何度か訪れる機会があったが，1996年に訪れた際の EDUCOM'96 には，図1に示すように，Information Technology : Transcending Traditional Boundaries（情報技術：伝統的な境界線を越えて）という表現が使われていた。この

図1　EDUCOM'96の小冊子

時期，米国においても，新鮮な表現であったことがうかがえる。実際，筆者は，EDUCOM'96 に参加したが，各所にこの表現があり，参加者も会話の中でこの表現を好んで使用していた。IT は，まさに，この年を象徴するキャッチフレーズのように筆者の目には映ったのである。このように，1996 年 10 月は，筆者が IT という言葉に出会った最初の時である。その後，このことについて，多少の調べる機会があった。

例えば，米国の PITAC（The President's Information Technology Advisory Committee）は興味深いものであった。PITAC は，大統領直属の Information Technology の諮問委員会であり，次のような説明がある。

> The President's Information Technology Advisory Committee (PITAC) was authorized by Congress under the High-Performance Computing Act of 1991 (P. L. 102-194) and the Next Generation Internet Act of 1998 (P. L. 105-305) as a Federal Advisory Committee.
> ≪ http://www.nitrd.gov/pitac/ より引用 ≫

そして，この PITAC から幾つもの報告書が出され，関係者の注目を浴びることになり，次第に Information Technology という語が米国でも一般的なものとなり，日本においても使われるようになっていったものと思われる。

2）IT から ICT へ

　IT から ICT への用語の移行については，総務省を中心とする政府の方針転換の影響が大きいと筆者は考えている。

　図2に示すように，平成 17 年度版情報通信白書（総務省，2005）の冒頭「はじめに」の記述にあるように，総務省としては，欧州や中南米，アジアの各国及び国連をはじめとする各種国際機関での使用状況を考慮して，「IT」から「ICT」への用語使用の変更を宣言している。本文では，変更（置換え）が困難な法律などの部分を除いて，可能な限り「IT」から「ICT」へ自動的に置き換えられているのである。

はじめに
特集「u-Japan の胎動」～2010 年の「u-Japan」実現に向けて～
　我が国が，高度情報通信ネットワーク社会の重点的かつ迅速な形成の推進を目的として，「IT 基本法」を制定してから 4 年が経過した。… （略）…
　　　　　　　：（中略）
　なお，インターネットや携帯電話等の情報通信技術を表す英語としては「IT」と「ICT」があり，現在の我が国では「IT」の語が広く普及しているが，国際的には，欧州や中南米，アジアの各国及び国連をはじめとする各種国際機関において「ICT」の語が広く定着している。
　総務省としては，… （略）…，本文において原則として「ICT」の語を使用している。

図2　平成 17 年度版情報通信白書

第2章

教育の新科学化

2-1 教育の新科学化

1)「教育の科学」と「科学の教育」

「教育の科学」については、決して一様に論じることはできないが、教育の科学的研究に主軸をおくもの（science of education）と、教育に係る諸科学（sciences of education）、の2つに分けて考えるとわかりやすい（**図1**）。前者については、フランスやドイツの教育科学の考え方、アメリカ合衆国の運動、1930年代に始まった我が国での教育科学運動など、広範で多様な教育学的背景をも欠くことができない。また、後者については、教育学大事典[1]では、「これら個別科学の方法を教育現象の諸分野にあてはめて研究する諸科学、すなわち、教育社会学、教育心理学、教育行政学、教育工学などの総称として扱う場合がある」とされる。筆者はこれらの学問に加えて、新たにメディア情報学を背景とする教育情報学や教育メディア学なども視野に入れたいと考えている。

一方、「科学の教育」という場合の「科学」とは、初等中等教育段階においては、特に、「理科」の教育を意味すると考えると分かりやすい（**図2**）。学校教育では、教科としての「理科」が対象であり、我が国の場合、教科名として「科学」は、学校独自で開設することは可能であるが、あまり一般的なものでない。

教育の科学

教育の科学的研究	教育に係る諸科学
・社会学	・教育社会学
・心理学	・教育心理学
・人類学	・教育行政学
・民俗学	・教育工学
・生理学	・教育方法学
・医学	・教育内容学
・言語学	・教育情報学
・歴史学	・教育メディア学
・経済学	など他分野も含めて
・行政学	総称することがある。
・法学	
・統計学	
など多方面に及ぶ	

図1　教育の科学

科学の教育

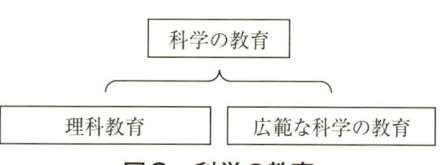

理科教育	広範な科学の教育

図2　科学の教育

しかしながら，科学は，自然科学に限定されるものではなく，人文科学や社会科学も対象となるので，これら全体を視野に入れて広義に捉えた科学の教育についても議論される必要があるかもしれない。

本節でのキー概念となる「科学化」とは，対象を科学的に分析・考察することで，論理的で整合性のある体系的な構造としての新たな理解を前提としている。

2) 教育の新科学化

社会の情報化は，第1章で述べたように，情報の社会化として変容して，ソーシャルメディア社会を迎えるに当たり，今までの考え方に何らかの修正を加える必要があることを示唆している。教育の科学的な見方・考え方に関する諸活動は，今までにも脈々と受け継がれているが，価値観の限界を生じるに至った現在では，これらの新しい変化に対応して改めて教育の在り方を考察する必要がある。

以上のことから，筆者は，このような新しい流れを強調するために，教育の新科学化と呼びたい[2]。

そのためには，ソーシャルメディア社会を迎えるにあたり，それに対応するために，①新しい教育手段で，②新しい教育方法により，③新しい教育内容を，導入するために，改めて検討する必要があるだろう（図3）。もちろん，その際に重要なことは，「新しければ何でも良い」という安易な考えを排除するとともに，「旧」の中の良い点としての「伝統」を，「新」と効果的に融合することである。

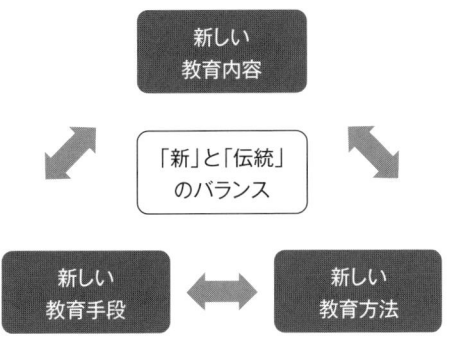

図3　教育の新科学化

①新しい教育手段

新しい教育手段は，情報機器等の使用に限定するものではなく，多様な手段が求められるべきであるが，本書では筆者の専門に偏ることを容赦願いたい。

最近の話題としては，総じて，教育へのICT活用といえるものが主流となっている。これは，いわゆる，我が国における教育情報化政策の一貫によるところが大きい。その例をあげれば，電子黒板，タブレット型情報端などであり，それ

にディジタルテキストなどのコンテンツが加わり，クラウドコンピューティングという新たな教育用情報通信環境（教育クラウド）の構築，…と続いている。

このように教育情報化については，それに賛成／反対のいずれの関係者においても関心が高いものとなっている。

新しい教育手段として，このような新しいICT機器の利用は欠くことはできないが，効果的な利用を重視する観点で考えれば，それらを如何にして「本格的な教育用機器」へと調整・進展できるか否かにかかっている。

教育クラウドやソーシャルメディアなどの活用はもちろんであるが，その醍醐味を児童・生徒に伝えるとともに，情報安全・情報人権などについても同時に視野に入れて考えたい。そのためには，教師自らがICT機器の利用における多種多様な醍醐味を享受することが先決であり，教育環境へのスムーズな導入と，その利用に対する十分な（研修・研究の）時間を確保することが重要で，性急な導入は必ずしも継続的な利用や，効果的な利用による成果を期待できない場合があることに留意する必要があるだろう。

②新しい教育方法

新しい教育手段を使用すれば，そのままで新しい教育方法を生じる訳ではない。つまり，従来の教育手段を単純に新しい教育手段に代替えするのではなく，教育手段のメディアとしての機能を正確に把握し，教育メディアとしての特徴を効果的に引き出すことが重要である。単に旧メディアを新メディアに置き換えるのではなく，新メディアの効果的な活用

```
新しい教育方法
・新しい教育手段を活用するための新しい視点
・社会の情報化，情報の社会化に対応した教育メディアの使用
・一斉学習，協働学習，個別学習などの多様な学習形態の有機的な活用
```

図4　新しい教育方法

を目指して，そのための新しい教育方法が求められている。分かりやすい表現をすれば，旧メディアではできなかったことを，新メディアの機能を活用して実現することができれば，その利用を促進させる上での説明において近道となるだろう。このような背景から協働的な学習を支援できる環境の整備が必要であり，そのためには，旧来の方法では困難とされた「リアルタイムで行うことができる学習」の環境を支援する新しい教育方法の理論や実践的な研究が求められている（図4）。その際には，1人の学習者に着目すれば，一斉学習，協働学習，及び，個

別学習のそれぞれの場面において，効果的に進められなければならない。多様な学習形態は多様な教育方法を創出し，多数で多様な学習者に広げることで，柔軟で有効な教育方法になることを期待したい。

③新しい教育内容

　社会の情報化，情報の社会化により，学んで欲しい内容は増大している。例えば，新しい変化に対応した各種の知識技能，例えば，ハードウェア，ソフトウェア，ネットワーク，プログラミングなどの自然科学にベースをおく内容だけでなく，情報モラル，情報安全，及び，情報人権などのように，ソーシャルメディア社会において出現する新たな問題を解決するための実践的な資質・能力とそのスキルをあげることができるだろう。

　これらのことを前提にして，もう少し新しい表現をすれば，情報の収集とともにそれらの的確な分析により，新たな知見を生み出して，企画や提案などができる人（筆者はこれを info-curator と呼んでいる）を目指して，その基礎的な能力として，いわば，curation literacy のような新たな能力の育成が求められている。

④新旧のバランス　～「新」と「伝統」との融合

　大事な考え方に「新しいことは，良さを生む条件とはならない」ということがある。新しくしたことにより，前より悪くなる場合（前のようにできなくなる場合）が少なくないからである。PC に新しい OS やアプリケーションソフトをインストールして使用したが，不具合が生じて，旧 OS や前バージョンのソフトに戻す場合もよくあることである。もちろん，新しくした教育環境を前の状態に戻すことの困難さは尋常ではない。このような教訓を一般化すれば，「新」と「旧」のバランスが重要である。筆者は，「旧」のもつ悪いイメージを払拭するために，敢えて，「伝統」という表現に換えて，「新」と「伝統」との融合と表現している。

参考文献

(1) 細谷俊夫，奥田真丈，河野重男編集：教育学大事典，第一法規，1978.
(2) 松原伸一：教育の新科学化　- 総合的な情報学教育 - ，情報処理，Vol.55, Vol. 4, pp.9-12, 2014.

2-2 学習の方法と形態

1）学習の方法

　本来，学習の方法は多種多様である。ソーシャルメディア社会では，従来の方法に加えて，ICT等を活用した新たな方法を必要とし，更なる多様性が求められている。ここでは，まず，「方法」に類似する用語として，「手段」，「手順」，「手法」などを取り上げ，本書におけるターミノロジーとしたい（**図1**）。

　手段と方法はよく似た概念で区別するのは困難であり，さらに関係する用語として，手順や手法もある。ここでは，本書におけるこれらの用語について解説したい。例えば，「生産の手段」とは，原料・道具・建物などを指し，それらを使用して物を生産する仕方が「生産の方法」といわれる。このように，手段とは具体的なモノ（行為・方策を含む）を示し，方法とは，手順を明確にして，それぞれの手段を総合して効果的に実行するための仕方を意味する。

・方法とは
　手順を明確にして手段を総合して実行する仕方

・手法とは
　方法が明確に提示され，情報手段を使用して，常に一定の結果が得られるようにまとめられたもの

図1　本書における用語の定義

　高等学校に設置された「情報」において，高等学校学習指導要領（情報B）において，「問題解決においては，解決の手順と用いる手段の違いが結果に影響を与えること及びコンピュータの適切な活用が有効であることを理解させる。」[1]と記され，問題解決の方法を学習するに当たっては，手段と手順を包含する上位概念であることを伺うことができる。

　そして，その方法が明確に提示され，コンピュータ等の道具（情報手段）を使用して，常に一定の結果が得られるようにまとめられたもの（理工学的な背景をもつもの）を手法としている。（時に，芸術作品の制作等に用いられ表現技法を意味する場合もあるが，ここでは別扱いとしたい。）

　したがって，教育手段は，教育を行う際の各条件（道具やそれを使用する場所など）を意味し，教育方法は，それらを使用して，手順を踏まえて教育する仕方のことと考えたい。

2) 学習の形態
次に学習の形態について考えよう。
①学習の形態1：一斉学習，個別学習，協働学習
　一斉学習とは，いうまでもなく，従来からの学習形態であり，1つの教室に数十人の学習者が集合して行われるもので，多くの場合は，1人の教師が担当する。学校教育の場合は，40名程度の学習者を対象とする場合が最も多い方とされ，それよりも少ない場合も多くみられる。学習の内容が講義に近い場合や実習・実験などの場合で異なるが，補助の教員や助手などを置く場合もある。

　ICTを活用した場合の一斉学習とは，「教師→学習者」の情報伝達形式でリアルタイムで伝送される情報を皆で視聴する場合がそれに当たる。

　個別学習とは，個人単位の学習を意味するが，学習者の個人的な資質や能力，個性や学習スタイル，環境・設備の他に，経済的・地理的な要因などにより，行われる学習形態である。

　協調学習という表現は，主に教育工学の分野で用いられている。教育工学事典（日本教育工学会編）における「分散協調学習支援」の項目において，「協調学習とは，学習者同士がグループ活動の中で互いの学習を助け合い，一人一人の学習に対する責任を果たすことで，グループとしての目標を達成していくという協調的で相互依存的な学習である（筆者による要約）」という説明があり，共通理解のベースとなっている。また，この事典には「協同学習」など他の類似表現の項目はない。

　近年，種々の学会の論文等をみれば，協調学習のみならず，共同学習や協働学習という表現も多数使用されている。誌面の関係で，その詳細を記述するのを避けざるを得ないが，これらの表現は，教育学や心理学のみならず，情報工学や教育工学などの工学分野においても使用頻度が多くなるにしたがい，表現に多様性が生じている。学際的な研究分野の発展に伴い，各学会・研究分野等において，概念に幅が生じることはやむを得ないと考えるが，今後，この研究分野の充実した発展を考えれば，少なくとも同一分野においては，各用語の特徴や意味概念について共通理解を形成することが必要である。

　関田・安永は，協働に類似した表現として，共同，協同，協調などの用語を取り上げ，これらの関連を整理し望ましい使用法を提案している[2]。ここでは上述の論文も参考にし，筆者の考えを示したい[3]。

2-2　学習の方法と形態　41

広辞苑によれば，共同とは，「①2人以上の者が力を合わせて事を行うこと，②2人以上の者が同一の資格で結合すること，③協同に同じ」と示され，また，協同とは，「心をあわせ助け合ってともに仕事をすること。協心。」と記されている。一方，共働は「生物群集や個体群において，各生物の間に見られる相互関係の総称。植物が動物のすみかとなったり，食いつ食われつする関係などの類。」とあるので，今回の概念整理においては，除外対象である。各種文献をもとに筆者の分析による概念整理の結果を表1に示す。

　また，英語では，協同学習という特定の教授法を示す用語としてCooperative Learningがあり，近年では，教育工学分野を中心に，Cooperative Learningを協調学習と表記したり，また，Collaborative Learningを協調学習や協働学習としたりするなど，英語と日本語との対応関係においても多様性がみられる（図2）。

表1　類似した用語の意味の整理

用語	広辞苑による用語の意味・概念	筆者による概念整理・コメント
共同	2人以上の者が力を合わせて事を行うこと	「2人以上の者が力を合わせる」という意味で，最も広義な表現。
協同	心をあわせ助け合ってともに仕事をすること	「2人以上の者が心を合せて助け合う」という意味で，心理的側面を重視した表現。
協働	協力して働くこと	協同と極めて類似した概念。「2人以上の者が心を合せて助け合い（協力して）働く」という意味で，心理的側面だけでなく，行為的側面も重視して，ICT活用を強調する表現。
協調	利害の対立した双方がおたがいに相互間の問題を解決しようとすること	「2人以上の立場の異なる者が，相互間の問題を解決する」という意味で，連携的側面を重視した表現。
共働	生物群集や個体群において，各生物の間に見られる相互関係の総称	別の概念なので，対象外。

→行為を伴って（行為的側面）

	同	働
共	**共同** common 2人以上の者が力を合わせる 【最も広義な表現】	**共働** coaction 生物群集や個体群において，各生物の間に見られる相互関係の総称 ※対象外
協	**協同** cooperative 2人以上の者が心を合せて助け合う 【心理的側面を重視した表現】	**協働** collaborative 2人以上の者が心を合せて助け合い（協力して）働く 【心理的側面だけでなく，行為的側面も重視するので，ICT活用を強調する表現】

↓心を合せて（心理的側面）

図2　「共・協」と「同・働」の組み合わせによる意味の差異

他に，ICTを活用したCSCL (Computer Supported Collaborative Learning)を，遠隔協同学習／遠隔協働学習／遠隔協調学習と表現する場合がある。ここでは，これらを，まとめて協働学習に含ませているが，他に位置づける例も少なくない。

②学習の形態２：現実空間と仮想空間を利用する形態

　現実空間（実物等の実体を使用する場合）では，伝統的な学習活動の多くが当てはまることだろう。例えば，教室，黒板，掛軸などの設備・備品に加えて学習者が直接に使用する教科書，ノート，筆記用具などで，他に，実験器具や実習用具，さらには，教師や他の学習者なども含めて考えることができるだろう。この場合は，自らの経験をもとに授業風景を想像すれば，誰でも容易に思いつくだろう。仮想空間（ICTなどの情報機器を使用して実現する場合）での教育におけるICT活用とは，概ね上記の場合を如何に効果的に情報環境にて置き換えることができるかである。

　もちろん，その際には，情報機器に置き換えること自体が目的ではなく，置き換えることによる恩恵を教育に期待するからである。したがって，如何なる恩恵も享受できず，或いは，その恩恵に対して代償（経済的な費用も含まれる）が極めて大きい場合は，教育の情報化を進める意義を見出すことはできないのである。

　さらに述べれば，単なる情報機器への置換えならば，多少の効果がみられても積極的なICT活用を促す原動力にはならないであろう。

　ICT活用が真に推進されるためには，単なる置換えだけではなく，置き換えることで，従来ではできなかったことが実現できたり，その結果として学習効果に良い影響を与えると期待されたりすることが必至で，教育・研究関係者の共通する重大事項であるといいたい。

参考文献

(1) 文部省：高等学校学習指導要領解説情報編，1999.
(2) 関田一彦，安永悟：協同学習の定義と関連用語の整理，協同と教育，（日本協同教育学会）第1号，pp.10-17，2005.
(3) 松原伸一：協働学習に関する類似概念の整理，EEP Newsletter（2011年3月15日発行），No.1,p.3，2011.

2-3　学習の活動と環境　－1－（基本）

1）基本的な学習の活動と環境

　ソーシャルメディアは，もともとWeb2.0の概念を具体化したものとして取り上げられることが多く，従来からの学習活動は，いわゆる現実の実体のある世界（現実世界）で行われ多種多様である。ICTを使用して情報活用により仮想的に構成された世界（仮想世界）で，そのような学習環境を実現するのは困難であるが，教育におけるICT活用の究極はこの問題が解決され教育用としての充分に適切に調整された環境を必要としている[1]。

【基本的な学習環境】
①書き込みができる環境
②計算ができる環境
③読書ができる環境
④描画ができる環境
⑤確認ができる環境
⑥情報を共有できる環境
⑦発表ができる環境
⑧映像や音声などを視聴できる環境
⑨繰り返しができる環境
⑩ちょっと試してみられる環境

図1　基本的な学習環境

　そこで，本節では，学習活動として，およそ基本的と考えられる学習の活動とその環境について，図1のように10種類の学習環境を取り上げて，それぞれについて考察を行う。

2）基本的な学習環境

①書き込みができる環境

　学習を効果的に進めるには，気がついたこと，考えたこと，後で確認したいことなどを適宜書き込むことが重要である。この環境をICTで実現するには，およそ人間が行う活動に対して，それを如何にデータ化して容易に記録することができるかということである。最近ではタブレット型の情報端末が普及しているが，気軽に書き込むことができる環境は，まだ進歩の途中であるといいたい。最近では音声入力も使用に耐えられるようになってきているが，具体的に例を示せば，

　　a. 自然な書き込み：新しいデータ入力方式の採用
　　b. 書き込み情報の追加・修正とその履歴等：関係する情報も含めて自動集積
　　c. 書き込み情報の有機的な利用：多様なアプリケーションからの利用
　　d. 書き込み情報の分析：関連・相関，統計，キーワード・キーセンテンス検索

などの基本機能をあげることができる。

②計算ができる環境

　計算は定量的な考察を含む学習活動で欠くことができない。電卓のような機能は今時の情報端末には常識的なアプリとなっているが，多くの場合，単純な1項の四則計算にとどまっている。ここでは，2項以上の計算や，ソートなどの計算機能を，手書きのような安易さで実現できると良いだろう。例えば，手書きで書いた計算が，自動的に認識され計算式に変換されたり，アルゴリズム化されて結果が表示されたり，或いは，手計算したものを検算したりすることができれば，教育的価値は飛躍的に向上するだろう。

③読書ができる環境

　読書は学習のための基本的な活動の1つといえる。既に，電子出版が行われ，電子的な情報端末により読書が可能となっているが，これらは，大人を対象としたものであり，コメントをつけたり，マークをしたりすることが可能なものもあるが，いわば教育用としての電子的な読書環境は，今後の開発に期待するところが大きい。例えば，読書をしながら，指摘した箇所に学習者の発言（音声）を貼りつけたり，指摘する箇所に問題や解答を貼りつけたり，或いは，文書の特定の部分を学習者で共有してコメントを互いに貼りつけたりできるなど，自分だけに限定することなく，多数の学習者が行う読書活動のプロセスを互いに共有することができる環境が望まれる。

④描画ができる環境

　描画は単に芸術教育における絵画の学習場面だけではない。自分の考えたことを文字だけでなく，図やイラストで学習者自身が表現できる環境が望まれる。その際，紙と鉛筆で描く際の容易さをICTで超えることはできるだろうか？　困難なところが大きいと思われるが，新たなインタフェースの出現や先進的なアプリケーションの開発を期待したい。紙と鉛筆ではできないような（或いは困難な）ことをICTにて実現することも重要である。例えば，動画（アニメーション）を描くには，紙の場合は，多数の絵を描く必要があるが，ICTの場合は，絵と絵の間を自動的に発生させることも可能で，短時間でアニメーションを作製する

ことが可能である。

⑤確認ができる環境
　学習活動の中で，確認することは重要である。確認の対象は種々あるが，例えば，学習全体の中のどの位置に該当するか，現在進行中の学習の状況はどの程度進行しているか，今後の学習を進める上で何が必要か，などの<u>学習を継続するための自身に関する状況の確認</u>のほかに，他の学習者がどの程度進んでいるか，他の学習者を含めた集団の中で自分の位置はどこか，などの<u>学習を評価するための他者との相対的な状況の確認</u>，その他，<u>学習を支援する各種の情報の確認</u>，などが考えられる。このような環境をICTにより構築するには，優れた教育情報処理手法の開発が望まれる。

⑥情報を共有できる環境
　学習者同士，教師と学習者間，学習者自身の各局面で，情報を共有することは重要である。学習者同士では，質問や疑問，その答えや関係資料の所在，関心事，学習の進捗状況などを互いに共有することが求められる。教師と学習者間では，教師が学習者の活動状況を正確に把握したり，適切な時にアドバイスを行う際に重要である。また，学習者自身の各局面では，学校での教科学習の時間，通学途中，放課後，学習塾，家庭などの様々な局面で学習を支えるために，一つの情報機器を常に携帯することも重要であるが，情報機器にはそれぞれ特徴（得意不得意）があるので，教育クラウドの利用による有機的な情報共有手段が有効である。

⑦発表ができる環境
　学習成果を発表することは重要な学習活動の1つである。発表するにはそれを何らかの形にまとめることが必要であるが，発表の形式や形態をその内容に併せて決定することも重要である。ICTによりこの環境を構築するには，例えば，各種のソーシャルメディアが提供しているような，気軽に容易に情報を提供できる仕組みや技術の利用が求められる。

⑧映像や音声などを視聴できる環境
　この環境は，誰でもすぐに理解できる環境であろう。しかし，次のように考え

れば，その視野は飛躍的に拡大し，新しい利用法を予見できることだろう。
　例えば，視聴するためのディスプレイを無くすることはできないか，視聴する音声などをイヤホンやヘッドセットを使用せずに視聴することはできないか，のように順に問いかけていけば，新しい視聴覚用のメディアが必要になることが理解できるだろう。これらは，人間の感覚機能に対してどのようにして各種の情報を送ることができるかということである。

⑨繰り返しができる環境
　学習活動で，繰り返しが重要な場合は，概ね，基礎的な能力の定着に効果的といわれる。例えば，掛け算の九九の暗記や，漢字の書取り，漢字の読みの書取り，計算などの練習問題がそれに該当する。この環境は，CAIやe-Learningなどのようにコンピュータやネットワーク環境を利用して，開発が進んでいるところである。しかしながら，繰り返し自体がマンネリ化を起こし，学習者の集中力を低下させたり，解決活動を伴わないで単純に答えを入力して採点結果を得るようになったり，と新たな問題が生じている。繰り返しの環境を構築するに当たっては，興味・関心の持続，学習活動の維持・支援を保持しながらの環境の構築が求められている。

⑩ちょっと試してみられる環境
　従来の環境では，実物がそばにあれば，ちょっと試してみるということの重要性は誰もが頷くことだろう。しかし，ICT環境では，何でもそれを実現するということは困難であるが，各種のアプリケーションの開発により，多様な学習に対応した環境の構築により，教育用として優れたものとなるだろう。例えば，
　a. モデル化ができる環境
　b. シミュレーションができる環境
　c. 専用のデータベースを形成できる環境
など，あげればいくつも考えることができるだろう。

参考文献
(1) 松原伸一：情報学教育の新しいステージ～情報とメディアの教育論～，開隆堂，2011.

2-4 学習の活動と環境 －2－（発展）

1）発展的な学習の活動と環境

ここでは，基本的な学習環境を引き継ぎ，発展的な学習環境について述べる。学習活動を基礎と発展に2つに区分することは困難であるが，紙面の関係でそれぞれにおいて，10種類ずつの環境を割り当てている。発展では，主に複合的な作業を通して行われる学習活動を中心に取り上げている。

なお，本節は，前節からの継続を意味することから，取り上げる各環境は，通番として，⑪から⑳の番号をつけている。

【発展的な学習環境】
⑪相談できる環境
⑫調べられる環境
⑬教えてもらえる環境
⑭間違いを認識できる環境
⑮問題を解ける環境
⑯課題に取り組める環境
⑰演習ができる環境
⑱実験・実習ができる環境
⑲体を適切に動かせる環境
⑳休める環境

図1　発展的な学習環境

2）発展的な学習環境

⑪相談できる環境

学習する際には，様々な場面で相談できる環境が必要である。相談の相手は，先生の場合もあるし，自分と同じ学習者である場合もあるし，その内容に応じて，専門家だったりするだろう。また，その際は，1人とではなく，同時に複数人と相談を行いたいと考える場合もある。

ICTによる環境では，多地点の多人数の相手とリアルタイムで相談することができたり，記録が自動的に残ったりするので，後で容易に確認することもできる。ICTの機能を十分に活用すれば，従来の方式でできなかったことを可能にするので，効果的に利用することが期待される。その際に重要なことは，どのように行うか，その際に何に気をつけるべきかなども含めて学習すると良い。

⑫調べられる環境

学習活動の中で調べるという行為は重要である。従来であれば，図書館に行って，専門書を見たり，過去の新聞を確認したり，また，大型電気店に行ってPC

を触ってみたり，ソフトを使ってみたり，さらには，スーパーマーケットに行って，季節の野菜や果物を探してみたり，物産展で地方のお菓子や食物を知ったり，いろいろなことを知り学習する上で重要な情報となる。これらの特徴は，今も変わるものではないが，調べる際にICT活用の利便性はどこにあるのだろうか？

周知のごとく，検索機能を利用して世界中のWebサイトから瞬時に情報を獲得することができ，多くの人はこの機能の便利さを既に享受していることだろう。

しかし，この際に陥りがちな問題とは何であろうか？効率的に情報を入手することは，同時に多くの危険性を含んでいることを知っておく必要がある。

⑬教えてもらえる環境

学習中に安易に教えてもらうことは，必ずしも良策とはいえないが，答えを直接に教えてもらうのではなく，自らが行う問題解決を効果的に行うための指導は，学習者が壁にぶつかっていたり，途方に暮れていたり，場合によっては，投げ出したりしている際には有効である。ICTによる学習環境の具体例を示せば，

a. 必要な情報の場所（リンク情報）の教示
b. 手順や方法を知るための教示
c. アナロジー（基本問題・類題の例示）による教示
d. コミュニケーション手段の活用による教示

など，多様なシチュエーションを取り上げることができる。

⑭間違いを認識できる環境

間違いだと直接にいわれれば，あまり気持ちの良いものではないが，例えば，学習者同士で意見を交換する中で，結果として間違いを認識しやすくすることは重要である。もちろん，教師からの有効なアドバイスにより，学習者自らが間違いに気づくことも少ないことだろう。ICT活用による具体的な例をあげれば，

a. 答えを当てはめて再考することにより，自ら間違いを認識する
b. 友だちと意見交換をする中で，自ら間違いを認識する
c. 先生から適切な助言を受けて，自ら間違いを認識する
d. 上記の状況を適宜重ねることにより，自ら間違いを認識する

などをあげることができる。

⑮問題を解ける環境

　問題を解く活動を実現するのは困難である。ここでは，問題を提示する環境とその解決を支援する環境に分けて考えるとわかりやすい。わかりやすくいえば，問題解決を支援する e-Learning 環境ということになるだろう。

　例えば，「5人で鎌倉を観光することにした場合，皆の意見を取り入れて，8時間以内で訪れる場所を決定する方法を考えよ」といったような問題を設定すればその学習環境においてどのような条件が求められるかが予想できるだろう。その際に必要なことは，

　　a. 問題解決のプロセスを確認する
　　b. 問題解決の条件を明確にする
　　c. 問題解決の手段・方法を決定して実行する
　　d. 問題解決の結果の考察・評価を行う

などとなる。

⑯課題に取り組める環境

　課題も問題と同様に多種多様である。問題か課題かを区別するのは容易ではないし，各所において見解に相違がみられるのも事実であろう。したがって，ここでは，問題は解決するもので，課題は取り組むものとしている。

　例えば，課題を設定したり，設定された課題を確認したり，修正したり，解決に向けて種々の学習活動を通してそれに取り組める環境を意味する。

⑰演習ができる環境

　演習ができる環境とは，学習のための具体的な行動を意味し，広範囲に及ぶ。現実世界における演習と呼ばれるもののほとんどを ICT にて実現するのは困難であるが，視点をかえれば，ICT を活用するからこそ，従来の環境でできなかった演習を新たに創生することができる。本書では，このような視点にたった利用を進めたい。本書の全体に及ぶ記述からこの項目の本質を読み取って下されば筆者として光栄である。

⑱実験・実習ができる環境

　実験や実習は，現実的な体験の方が良いとする考え方は，多数に及ぶことだろ

う。筆者もその考え方に賛成である。現実に可能な実験や実習をわざわざICTに置き換えて行うことの大義があるかどうかということにもつながる。

ただし，現実に実験や実習が困難な場合や，そのような状況にある学習者の場合はどうだろうか？

筆者は以前に，A：リアル体験ができない場合，B：バーチャル経験の方が効果的な場合，の2つの場合に分けて説明している[1]。詳細は文献を参照されたい。

⑲体を適度に動かせる環境

学習活動は決して一様ではない。机と椅子という学習家具は重要であるが，体の各部を適度に動かして学習ができる環境は大切である。例えば，次のようなことが考えられる。

  a. 加速度センサを使用して，体を動かして学習に役立てる
  b. 位置センサを使用して，地域を散策して学習に役立てる
  c. 傾きセンサを使用して，手を動かして学習に役立てる

⑳休める環境（冷静に判断したり，問題を整理したりするため）

学習が進んだり，或いは停滞したりする中で，適度に休める環境は必須といえる。ICT環境の中で「休む」とはどういうことなのかと再考する必要もあろうが，冷静に判断したり，問題を整理したりするために欠くことのできないものと考えれば新しい道が開かれることだろう。例えば，

  a. 音楽を聴く
  b. 映像を視る
  c. 中継を見る
  d. 風景を観る

などがあげられるが，完全に休んでしまっては，積極的な学習に戻るには支障があるかもしれない。

参考文献

(1) 松原伸一：ディジタル社会の情報教育〜情報教育を志す人のために〜，開隆堂，2002.

2-5 学習の思考と解決

1）思考のいろいろ

　思考は，学習活動にとって大事な要素の1つである。思考（thinking）については各種の提案があり，英語表記については，computational thinking，confidence thinking，convergent thinking，creative thinking，critical thinking，divergence thinking，logical thinking，systems thinking，などの例をあげることができる。**図1**には，各英語表記について，説明を付記している。

> **英語表記の例（アルファベット順）**
> computational thinking（計算的思考）
> confidence thinking（コンフィデンスシンキング）
> convergent thinking（収束的思考）
> creative thinking（創造的思考）
> critical thinking（批判的思考）
> divergence thinking（発散的思考）
> logical thinking（論理的思考）
> systems thinking（システムシンキング）
> など

図1　英語表記の例

　また，日本語表記では，上記との重複を容赦願えれば，逆算思考，水平思考，プラス思考，マイナス思考（ネガティブ思考），論点思考，統計思考，流域思考，リーン思考，ブレイクスルー思考，ゼロ秒思考，ビジネス思考，イノベーション思考，インバスケット思考，順思考，逆思考，マーケッティング思考，自律思考，戦略思考，選択的思考，陽転思考，社会的思考，高速思考，仮説思考，など多数が提案されている（**図2**）。

　上記の中には，学習に関するもの，自己啓発に関するもの，経済・経営に関するもの，営業や昇進に関するもの，など多岐に及んでいる。それぞれの思考は，多様な立場や状況により提案されていることが多く，厳密に，かつ，一意に定義するのは困難な場合が多い。本書では，学習に関して考察を行う際に，適宜取り上げたい。

> **日本語表記の例（順不同）**
> 逆算思考，水平思考，プラス思考，
> マイナス思考（ネガティブ思考），
> 論点思考，統計思考，流域思考，
> リーン思考，ブレイクスルー思考，
> ゼロ秒思考，ビジネス思考，
> イノベーション思考，
> インバスケット思考，順思考，逆思考，
> マーケッティング思考，自律思考，
> 戦略思考，選択的思考，陽転思考，
> 社会的思考，高速思考，仮説思考，など

図2　日本語表記の例

2）学習の思考

　ソーシャルメディア社会における学習の思考について考察してみよう。筆者は，前項で提示した各種の思考（thinking）から逆算することで，想定される課題を限りなく多く抽出して，分析・整理することで，次の10種に整理している。

①思考をわかりやすく表現するにはどうすればよいか　　　　（思考の表現）
②思考を正確に記述するにはどうすればよいか　　　　　　　（思考の記述）
③思考を皆で共有するにはどうすればよいか　　　　　　　　（思考の共有）
④思考を合理的に評価するにはどうすればよいか　　　　　　（思考の評価）
⑤思考を活性化するにはどうすればよいか　　　　　　　　（思考の活性化）
⑥思考を適切に促進する環境をどうすればよいか　　　　　　（思考の環境）
⑦思考を行う話題をどうすればよいか　　　　　　　　　　　（思考の話題）
⑧思考を深化させるための時間をどうすればよいか　　　　　（思考の時間）
⑨思考を促進する空間はどのようにすればよいか　　　　　　（思考の空間）
⑩思考を効果的に発信するにはどうすればよいか　　　　　　（思考の発信）

　また，上記の「問いかけ」を踏まえ，本書の中心的なテーマである「情報安全」及び「情報人権」に関しては，さらなる総合的な視点として，

Ⓐ問題解決において，思考に必要な条件とは何か
Ⓑ豊かな想像力を駆使して，想定を超えるような状況が発生しても耐え得るにはどうすればよいか
Ⓒ各種のメディアを活用して，集合知を効果的に獲得して，新たな知見を得るにはどうすればよいか

などを取り上げておきたい。以上に示した「問いかけ」に際しては，本書の他の各ユニットにおいて，適宜取り上げることにしたい。

　筆者は，このような「問いかけ」に際して必要な能力として，情報学的想像力（information studies' imagination）を提案し，新しい学習活動におけるキーワードとしたいと考えている。なお，それを構成する3つのキーポイント（KP）は，

　KP 1：thinking for thinking（思考のための思考）
　KP 2：thinking for problem-solving（問題解決のための思考）
　KP 3：thinking about informational social influence（情報の社会的影響について思考）

とし，考察の切り口（視点）にして，以降にて考察を深めたい。

3）思考による解決
①思考実験とシミュレーション
　思考実験とは，頭の中で想像して結論を導き出すものである。実験器具を使用しないで，理論から導出される現象を思考により想像することである。コンピュータを使用しないで，人の頭のみで行うシミュレーションといえるかもしれない。しかしながら，コンピュータで行うシミュレーションは，厳密にモデル化を行い，自動計算処理によって導出されるので，思考実験のように曖昧性が残り厳密な計算処理ができないような，概念的・抽象的な問題をテーマとする場合には，有効な場合が多いだろう。思考による解決とは，思考実験の活用であり，情報学的想像力につながるものである。筆者の関心を前提に幾つかの例を示そう[1]。
- 【ディジタル環境の影響】全ての情報がディジタル化され，ネットワークを介して，必要な情報を利用できる環境では，「知識の獲得」や「学習」といったいわゆる「教育の営み」において，どのような変化が生じるだろうか？
- 【仮想人間】科学技術の全てが解決されたとして，「仮想人間」なるものが実現されたら，それはいったいどのようなものであるか？
- 【事実の不確定化】情報の信憑性・信頼性の問題は，私たちの判断に影響を与える。1つの事実は，多種多様なメディアを通じて，多数の（報道されたという）事実に作りかえられている。このように事実が不確定化すれば，私たちの価値観にどのような変化が生じるだろうか？

　是非とも十分な時間をとって思考し想像して自らの結論を出して頂きたい。そして可能なら，それぞれの結果について皆で意見交換を行い，討論を行えば，新たな知見を得る機会となるだろう。

②思考と判断
　思考は，意思決定を行うための重要な精神的活動である。現代教育用語辞典（第一法規，第14版，1981）では，「判断は概念（知識）や推理と並ぶ思考の基本形式」とされ，「問に対する答えの意味をもつ」と記述されている。
　また，意思決定とは，「特定の問題に対し，一定の判断に基づいて結論を導き，それによってある行為をなし，または，なさないという方向づけを与える過程や行為をいう」と示されている。また，その際に重要になるのは，「個人の意思決定」と「集団の意思決定」との間の関係である。

学習活動においては，「思考－判断－意思決定」が集団とのかかわりの中で，サイクル化して繰り返される。詳細については専門書を参照されたい。

4）思考活性化のための手法

　思考を活性化する手法としては，表示を工夫するもの，討論や意見交換を工夫するもの，情報共有を工夫するもの，など多岐にわたり，直接でなく結果として思考の活性化を伴うものも少なくない。各手法を例示すれば，下記のようになる。

①<u>ブレーンストーミング</u>：オズボーン（Osborn, A.F.）によって開発された方法で，集団による思考法の1つである。集団が，4つの原則（批判厳禁，自由奔放，質より量，結合改善）を守って，意見を出し合うことで，発想を活性化させて豊富な情報を獲得することが可能となる。

②<u>KJ法</u>：川喜多二郎氏によって開発された方法で，語句をカードに記入し，カードをグループ化し，更なるグループへとまとめていくことで，全体の構造を把握しやすくするもので，共同作業の際にもよく利用され，ブレーンストーミング後の情報整理の手法としても知られている。

③<u>概念地図法</u>：ノヴァク（Novak, J.D）らによって開発されたもので，概念マップ（concept mapping）と呼ばれることもある。テーマに関連する概念に対して，それらを矢印で連結して視覚的に表現し，概念間の関係を階層構造として図示する手法で，学校教育の各科教育の中でよく利用される[2]。

④<u>2次元イメージ法</u>：筆者らによる方法で，対象となる語句等をカードに記入して，横軸に展開するとともに，縦軸に沿って評価（価値）などを2次元平面上に表現するもので，学校教育における学習活動で自己意識形成の支援するものであるが，他分野での活用もある[2]。

参考文献
(1) 松原伸一：ディジタル環境論～ディジタル環境が及ぼす人間生活への影響～，ナカニシヤ出版，2004.
(2) 守山正樹，松原伸一：食のイメージ・マッピングによる栄養教育場面での思考と対話の支援，栄養学雑誌，Vol. 54, No. 1, pp.47-57, 1996.

2-6 学習の内容と体系

1）学習の内容　～教科等の中で行う情報教育～

ソーシャルメディア社会では，新しく出現する問題を適切に解決するための資質・能力を育成するために，新しい学習内容が求められる。その際に注目すべきことは，従来の中心的な教科内容を確認し，各教科の背景となる学問を配慮して情報学的な内容を抽出することである[1]。**表1**は，各教科の内容を考慮し，その範囲内で無理なく情報の学習を行うことを前提にして，抽出した項目とその内容例を示すものである。

表1　教科等の中で行う情報教育の一例

教科	新しい項目	内容の一例
国語	メディア研究	メディアとコミュニケーション
算数・数学	情報の表現	ディジタル表現と2進数，符号化と暗号
理科	物質と情報	アナログとディジタル，リアルとバーチャル
社会	情報と社会	情報社会と私たちの生活
音楽	音楽の表現	音楽データの表現・編集，MIDI
図工・美術	美術の表現	画像データの表現・編集，jpeg，mpegなど
保健体育	運動の分析	運動の録画・編集・分析，選手の行動分析
技術・家庭	情報通信技術	※既に置かれているので省略
英語，外国語	多文化交流	機械翻訳の世界，ICTと多文化交流
道徳	情報倫理	情報モラル等（著作権，個人情報，誹謗中傷等）
その他	情報の活用	情報機器とネットワークの利用 ※「総合的な学習の時間」や「特別活動」などで

「新しい項目」とは，各教科において学習する際の単元に相当するものである。その中には，既に内容として置かれて実施されているものあるが，情報に関する学習内容として，一定の時間を確保するための枠組みとしての意味もあり，明示的に記載している。「内容の一例」は，文字通り，想定される内容の一部をなすものであり，他にも各種の内容をあげることができる。「その他」には，教科におさまらない各種の多様な学習活動を指している。例えば，「総合的な学習の時間」や，運動会（体育祭）の運営やその準備，修学旅行，ホームルームなど多様な学習活動の中で情報の活用を行うことを意味している。

2）学習の内容　～教科の各側面からみた「情報学修」～

　学校教育の教育課程における一貫した情報学の学修を筆者は「情報学修」と呼んでいる。**表2**は，教科等の各側面からみた情報学修の一例を示している。各教科等の特質を基に，情報に関する諸学問の基礎を展開するものである。ここでは，前項の流れを受け，教科等の各側面から考察して抽出された内容や分野の例を示し，簡単な説明を付記している。概ね下記の各側面は各教科に対応しているが，特に，保健体育については，運動的側面，及び，健康的側面とし，技術・家庭では，技術的側面，及び，生活的側面としている。なお，安全的側面と人権的側面については，筆者の関心により特に追加したもので，本書の中心テーマの部分をなすものである。

表2　教科等の各側面からみた情報学修の一例

各側面	内容や分野の例 （簡単な説明）
国語的側面	メディア論，メディア科学，メディア・リテラシー （情報を伝える媒体としてのメディアの特質）
数学的側面	情報理論，情報の数学的（定量的）な考察 （時系列データ，情報量，エントロピー，通信の効率など）
理科的側面	自動計測とリモートセンシング，測距，シミュレーション （物理量とディジタル量，G空間，GPSの利用）
社会的側面	社会情報学，応用倫理学，情報に関する法学など （社会の情報化，情報の社会化に伴う公民的考察）
音楽的側面	音響工学，音源と電子音楽，電子的な作曲・編曲 （シンセサイザー，多チャンネル音響空間，電子効果音）
美術的側面	画像工学，視覚工学，情報デザイン，ユニバーサルデザイン （錯視，立体視，遠近法，WebデザインとCG，混合技法）
運動的側面 健康的側面	運動工学，健康情報学，生体工学，医用工学 （ディジタル環境の健康への影響，運動の行動分析）
技術的側面 生活的側面	情報通信技術（ハードウェア，ソフトウェア，インターネット） 家庭情報処理（家庭における情報活用と分析，問題解決）
国際的側面	国際交流と情報文化，異文化理解，多文化交流 （情報通信手段を活用した国際交流）
安全的側面	情報安全 （情報の安全とモラル，情報社会・メディアの影響）
人権的側面	情報人権 （情報の人権，表現の自由，プライバシー）

3）教科的側面から情報学的側面への転換

　教科等の各側面からみた情報学修については，前項の通りである。ここでは，教科的側面から情報学的側面への転換に際して，内容と方法の両面から考察を施すことにしたい（**図1**）。内容とは，教科内容を指す。また，方法とは，その内容の学習に際して，効果的な学習方法を模索するものである。したがって，情報教育における内容的位置づけと方法的位置づけとは，情報教育のターミノロジーに関係する（「3-2　情報教育のターミノロジー」を参照）。

内　容		方　法
各教科における情報教育 （各教科の内容を考慮し，その範囲内で無理なく情報の学習を行う）	教科内	各教科におけるICT活用 （各教科の項目を学習する際に，ICTを利用して学習効果をあげること）
↓		↓
教科の各側面からみた情報学修 （各教科の特質を基に，情報に関する諸学問の基礎を展開する）	教科的側面	教科の各側面からみた情報学修 （各教科の内容を考慮し，その範囲内でICTを活用して学習を行う）
↓		↓
【再構成】		【再構成】
↓		↓
コアとしての情報学修 （情報学として整理された学習内容を体系的に学ぶ）	情報学的側面	コアとしての情報学修 （ICTを効果的に活用し，一斉学習・個別学習・協働学習を組合せて実施）

⇩

情報学修における学習項目 （情報，メディア，情報技術，情報社会，問題解決，ハードウェア，ソフトウェア，ネットワーク）	再編成後の図式	情報学修の3つの視点 （科学する・活用する・吟味する）
情報学修のコア・フレームワーク ※「3-4　新しい情報学修：ISの枠組み」を参照		

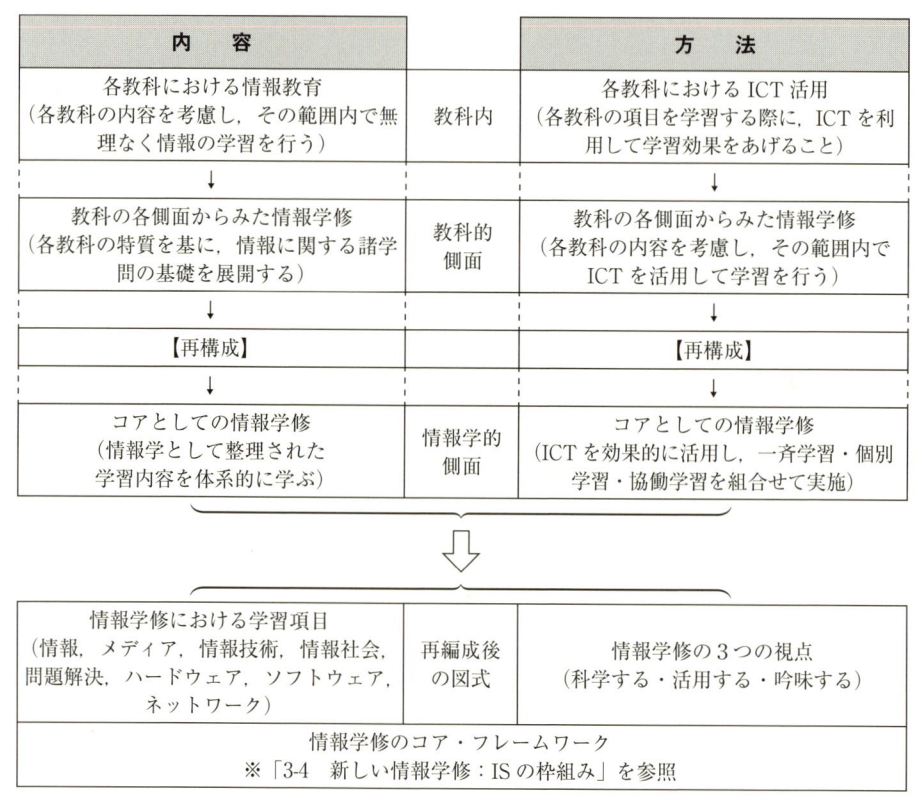

図1　教科的側面から情報学的側面への転換

　情報学修のコア・フレームワークは，上記のようなプロセスと密接な関係があり，情報学の学習領域として再構成されたものである。詳細は，「3-4　新しい情報学修：ISの枠組み」のユニットに掲載している。

4）学習の体系

「コアとしての情報学修」は，「教科等の中で行う情報教育」と連携して，「教科等の各側面からみた情報学修」が再構成されることで成立する。そして，その際の学習は，初等中等教育に一貫した情報学修の体系として整理することで，K-12情報学修カリキュラムを形成することができるのである。

この体系は多項目でそれぞれが多次元に及ぶので，図示するのは困難であるが，各部を単純化することで，立体図として表現すれば，**図2**のようになる。

コアに情報学修を置き，その周辺部分に教科等を配置しているので，筆者はこれを，情報学修の二重円筒モデル（DCM：Double Cylindrical Model）と呼んでいる。なお，コアの情報学修は，「3-4　新しい情報学修:ISの枠組み」のコア・フレームワークとして展開されるものである。

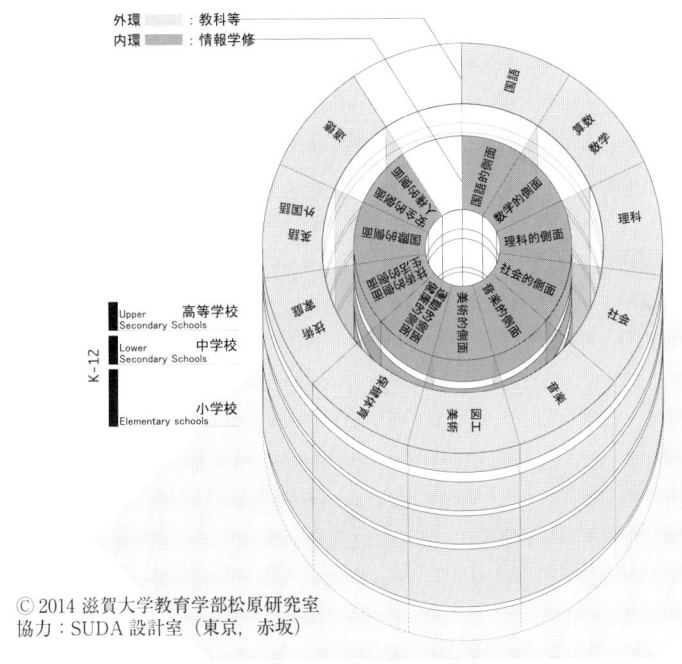

図2　内容の体系図

参考文献

(1) 松原伸一：教科教育学の構造 – 情報科教育研究のパースペクティブ –，日本情報科教育学会誌，Vol. 1, No. 1, pp. 41-44, 2008.

コラム2 米国における新しい教育の流れ

ここでは，CSTA K-12 Computer Science Standards[1] を取り上げよう。

1）CSTA K-12 Computer Science Standards とは

まず，CSTA とは Computer Science Teachers Association の略で，全米で展開する組織で，2005 年の発足以来，発展し続け世界からの参加もある。当該サイト（http://csta.acm.org/，2014 年 3 月）の情報によれば，11,000 人以上のメンバーが登録され，コンピュータ科学（Computer Science），コンピュータ工学（Computer Engineering）及び，IT 部門に従事する小・中・高の教員，大学教員で構成されるとともに，産業界からの参加や若干の保護者も含まれている。

次に，K-12 とは，Kindergarten から第 12 学年までの学齢を意味し，日本では，幼稚園から高校 3 年までに該当する。ここでの第 12 学年とは，小学校の 6 学年，中学校の 3 学年，高等学校の 3 学年の合計 12 学年を意味する。

Computer Science（以降では CS と略す）とは，教科名としてのコンピュータ科学を意味し，Standards とは，National Standards，すなわち，国家的な標準（規格）としての位置づけを強調するもので，学習標準と呼ぶことにしよう[2]。

2）CS の学習

CS の学習は，生徒がテクノロジーの消費者に成り得ると同時に，全ての人々の生活水準を向上させるためのコンピュータシステムを構築して，革新的な製作者となる能力を備えることにもなるとされる。また，大学での学習のみでは不十分で，K-12 すなわち，初等中等教育の一貫した教育が求められていると主張し，アルゴリズム的な問題解決（algorithmic problem solving）や計算手法・手段（computational methods and tools）に関する学習が始められなければならないという。それでは，次にその CS の特徴について要約しよう。

・知的に重要である

ディジタル化され，コンピュータ化され，そしてプログラム化された（情報システムの）世界で生活し，その（本質的な）意味を理解するためには，CS の学

習が必要である。CS を学習する児童生徒は，理論的推論，アルゴリズム的発想，及び，設計や構造化された問題解決法を学ぶことになり，これらの全ての概念や技術は，CS の授業を超えて留まることのない価値あるものである。

・**多重なキャリアパス（Career Paths）に導く**

21 世紀の職業は，CS の理解を必要としている。全ての分野における職業人（画家やアーティスト，コミュニケ―ションと健康管理の専門家，工場作業員，小企業の経営者，そして小売店の従業員に至るまで）は，それぞれの分野で生産的に，競争に打ち勝つために，コンピューティングを理解することが必要である。

・**問題解決法を教えてくれる**

CS の学習は，問題解決過程自体を理解することにある。問題解決の最初の段階は，その対象を明確に（分析して）論述することであり，その問題が明確に定義できれば，解決策を見出すことができる。例えば，ハードウェア装置の選択や構成，或いは，その開発の必要性などについて，検討することになる。同時にソフトウェアの整備や開発なども検討され，最終的な完成品へと進められる。

・**他の諸科学を支援し連携する**

新病への取り組みや気候変化のような 21 世紀における科学の大問題を解決するためには，多様なスキル（skills）や能力（abilities），そして見通す力（perspectives）をもった人材が必要になる。2001 年のヒトゲノム配列解析処理は，分子生物学における画期的な所業であり，CS なしでは達成できなかった。

・**全ての児童生徒を魅了する**

CS は，生活の全ての側面で適応されるので，多くの児童生徒の興味関心を引くことができる。例えば，携帯電話のような特定の技術に関心のある学習者は，ビジュアルデザインやデジタルエンターテイメント，そして，社会に役立つことに対して，生来から熱意があるものと思われる。

参考文献

(1) Deborah Seehorn et al: CSTA K-12 Computer Science Standards, Revised 2011, The CSTA Standards Task Force, CSTA（Computer Science Teachers Association）and ACM（Association for Computing Machinery），2011.

(2) 松原伸一：米国の CSTA K-12 Computer Science Standards と情報学教育のコア・フレームワーク，情報学教育研究 2014, pp.5-14, 2014.

第3章

情報教育の科学

3-1 情報教育の歴史

1）情報教育の歴史をみる視点

　情報教育の歴史を論じるにはその視点を明確にしなければならない。コンピュータの発明から70年程度[注1]が経過しようとしている。したがって，コンピュータ教育を情報教育と解釈すれば，その発明時より既に何らかの関連する教育が行われていたとすることも可能であろう。もちろん，その際の教育とは専門家のための教育であることはいうまでもない。また，情報教育を「コンピュータ」に限定せず，「情報」という本来の意味を視野に入れれば，コンピュータの発明以前からこの教育はあったといえるかもしれない。

　ここでは，情報教育の歴史を学校教育に限定し，次のように，
① 学習指導要領の改訂で何がどのように変わったのかという視点，すなわち，学習指導要領の記述事項を根拠にして，従来にはなかった新しい変更点はどこにあるかという視点
② 学習内容が，教科の中にどのように展開しているか，すなわち，コンピュータの仕組み，基本ソフトウェア（OS）の機能などのように，教科学習として明確に位置づけられ，一定の学習時間が確保されているかという視点
の2つの視点で捉えることにしよう。したがって，ここでは，コンピュータ等の情報機器を利用して，算数・数学や国語などの学習を行うような，いわゆる道具としての情報機器利用（教育方法としてのICT活用）を対象にしていない。

　以上のことから，1989年に改訂された学習指導要領の示すように，中学校「技術・家庭」科の中に設置された新領域「情報基礎」に情報教育の原点をみることができる。

　そこで，情報教育の歴史については，
① 1989年の学習指導要領の改訂
② 1998，1999年の学習指導要領の改訂

表1　学習指導要領の改訂

年．月（平成）	項目
1989.3（H1）	学習指導要領
1998.12（H10）	幼稚園教育要領，小学校学習指導要領及び中学校学習指導要領
1999.3（H11）	高等学校学習指導要領
2008.3（H20）	幼稚園教育要領，小学校学習指導要領及び中学校学習指導要領
2009.3（H21）	高等学校学習指導要領

③ 2008，2009 年の学習指導要領の改訂

に区分して考察しよう[1]。

2）1989 年の学習指導要領の改訂に至るまでの経緯

　臨時教育審議会第一次答申（1985 年 6 月）では，「社会の情報化を真に人々の生活の向上に役立てる上で，人々が主体的な選択により情報を使いこなす力を身につけることが今後への重要な課題である」と提言し，学校教育における情報化の必要性が示された。

　また，情報化社会に対応する初等中等教育の在り方に関する調査研究協力者会議第一次審議とりまとめ（1985 年 8 月）では，社会の情報化の進展に伴う学校教育の在り方，すなわち，学校教育におけるコンピュータ利用等の基本的な考え方，小学校・中学校及び高等学校の各段階におけるコンピュータを利用した学習指導の在り方などについての提言が行われたのである。

　そして，臨時教育審議会第二次答申（1986 年 4 月）では，「情報化に対応した教育に関する原則」として，ア．社会の情報化に備えた教育を本格的に展開する，イ．すべての教育機関の活性化のために情報手段の潜在力を活用する，ウ．情報化の影を補い，教育環境の人間化に光をあてることが示された。さらに，「情報活用能力」という概念を提示し，これが「情報リテラシー，すなわち，情報及び情報手段を主体的に選択し，活用していくための個人の基礎的な資質」を意味するものとされ，これまでの「読み・書き・そろばん」のもつ教育としての基礎的・基本的な部分をおろそかにすることなく，新たに「情報活用能力」を基本能力に加えられるべきであるとされたのである。

　以上のような流れを受けて，教育課程審議会答申（1987 年 12 月）では，「社会の情報化に主体的に対応できる基礎的な資質を養う観点から，情報の理解，選択，整理，処理，創造などに必要な能力及びコンピュータ等の情報手段を活用する能力と態度の育成が図られるよう配慮する」点が重要であると示された。

　小学校においては，指導内容の明示はされていないが，むしろ，コンピュータを利用した教育による指導形態の柔軟化に重点が置かれている。

　中学校においては，「社会」では，公民的分野で国際化・情報化などの社会の変化をふまえるとされ，「数学」では，数の表現，方程式，関数，統計処理，近似値などの内容に関連づけてコンピュータ等を活用することについて配慮すると

3-1　情報教育の歴史　65

あり，「理科」では全般にわたり，各分野の指導に当たっては，コンピュータ等を活用するとある。「技術・家庭」においては，新領域「情報基礎」が設置された。他教科においても，コンピュータ等を利用した教育の積極的な導入が示されているが，「情報基礎」は，このコンピュータに関わることも内容として加えられており，義務教育段階において唯一となっているのが特徴である。

3） 1998，1999年の学習指導要領の改訂に至るまでの経緯

中央教育審議会第一次答申（1996年7月）では，「21世紀を展望した我が国の教育の在り方について」と題する答申の中で，国際化，情報化，科学技術の発展等社会の変化に対応する教育の在り方について述べられているが，特に情報教育に関連しては，①情報教育の体系的な実施，②情報機器，情報通信ネットワークの活用による学校教育の質的改善，③高度情報通信社会に対応する「新しい学校」の構築，④情報社会の「影」の部分への対応，の4点が示された。

一方，情報化の進展に対応した初等中等教育における情報教育の推移等に関する調査研究協力者会議の第一次報告（1997年10月）では，情報教育を具体的に理解する上で最も重要なものの1つといえる。ここでは，情報教育の目標を①情報活用の実践力，②情報の科学的な理解，③情報社会に参画する態度，の3つの観点で整理したのである。

さらに，教育課程審議会答申（1998年7月）では，各学校段階及び各教科において「情報化への対応」を鮮明にし，体系的な情報教育の推進を掲げている。特に，中学校では，「技術・家庭」科に「情報とコンピュータ」という内容を新たに設け，一層の充実を図っている。また，高等学校においては，情報手段の活用を図りながら情報を適切に判断・分析するための知識・技能を習得させ，情報社会に主体的に対応する態度を育てるために，教科「情報」を新設し必修とすることが適当であるとされ，実質的に新教科「情報」の設置が決定したのである。

以上の経緯を踏まえ，1998年12月14日に幼稚園教育要領，小学校学習指導要領及び中学校学習指導要領が改訂され，1999年3月29日に盲・聾・養護学校の学習指導要領とともに高等学校学習指導要領の全面的な改訂が行われた。情報教育の視点でみれば，「総合的な学習の時間」，中学校における「技術・家庭」科の「情報とコンピュータ」，高等学校における新教科「情報」の設置などを取り上げることができる。

4）2008，2009年の学習指導要領の改訂に至るまでの経緯

　教科「情報」は，2003年度より年次進行で実施されたが，その2年後に教育課程の見直しの機運が高まったのである。そして，2005年2月，文部科学大臣より，21世紀を生きる子どもたちの教育の充実を図るため，教員の資質・能力の向上や教育条件の整備などと併せて，国の教育課程の基準全体の見直しについて検討するよう，中央教育審議会に要請があったのである。

　筆者は，2005年8月8日付で，中山成彬 文部科学大臣より，「中央教育審議会専門委員（初等中等教育分科会）に任命を受け，当日開催された，第1回「家庭，技術・家庭，情報専門部会」に出席し，審議を行った。

　1998年の学習指導要領では，第2章第10節第2款において，第1の科目として「情報A」，第2の科目として「情報B」，第3の科目として「情報C」が位置づけられ，情報教育の目標の観点の順序に合致している。しかし，2009年の学習指導要領では，第1科目は「社会と情報」，第2科目は「情報の科学」と表記され，情報教育の目標の観点と比較すると，順序にねじれが生じている（**表2**）。

　また，「情報A」に対応する新科目が設定されなかったことから，結果として2科目の構成となり1科目の減少となっている。

表2　科目の掲載順序

※	1998年の 学習指導要領	2009年の 学習指導要領
①	第1：情報A	（なし）
②	第2：情報B	第2：情報の科学
③	第3：情報C	第1：社会と情報

※上表において丸数字は，情報教育の目標の観点を示し，①は情報活用の実践力，②は情報の科学的な理解，③は情報社会に参画する態度，が該当する。

注1． コンピュータの歴史については，コンピュータの定義に依拠するところが大きい。すなわち，論理演算を可能したものをいうのか，大型で汎用の自動計算機をいうか，或いは，データだけではなくプログラムもメモリ空間に配置して高速な自動計算を可能にしたようないわゆるノイマン型のものをいうのか，それとも，コンピュータ開発におけるオリジナリティに関係して，特許権等の法的ものを視野に入れるかなどにより，世界で最初のコンピュータは異なる結果となる。この件については，例えば，拙著「情報学教育の新しいステージ」[1]「2-9 常識はいつまで通用するか～コンピュータの誕生から言葉の世界へ～」を参照されたい。

参考文献

(1) 松原伸一：情報学教育の新しいステージ～情報とメディアの教育論～，開隆堂，2011.

3-2 情報教育のターミノロジー

1）教育へのコンピュータ利用

筆者の恩師が「教育情報工学概論」[1]を上梓されたのは1970年代であり，「教育へのコンピュータ利用」という表現が用いられ，教育とコンピュータに期待が高まっていた[注1]。その時の教育活動では，①「コンピュータで学ぶ」と②「コンピュータを学ぶ」という2つの側面があった。①はコンピュータを学習の道具としているが，②はコンピュータを学習の対象としている点で大きく異なる。いずれも教育工学（教育情報工学を含む）の創生期における2大関心事であった。

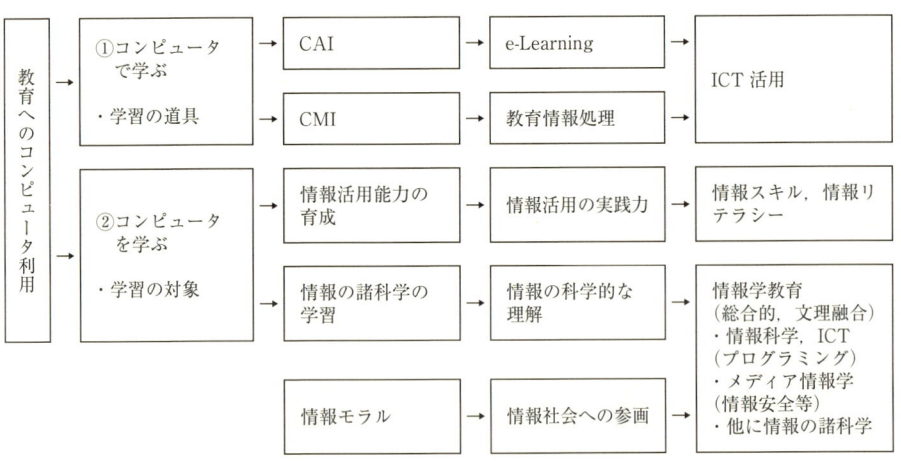

図1 「教育へのコンピュータ」からの流れ図

ところで，①はCAI（Computer Aided/Assisted Instruction）とCMI（Computer Managed Instruction）の2つの研究分野に分化し，CAI研究はe-LearningやWBL（Web Based Learning）／WBT（Web Based Training）などの基礎になり，また，CMI研究は各種の教育情報処理の礎となって，双方はともにICT活用の源流といえる。②は情報教育の中心的な部分をなすもので，(2a) コンピュータの操作活用能力の育成に重点をおくものと，(2b) 情報・メディア，コンピュータ・通信，情報社会・情報安全などの諸科学（総合的な情報学）を内容とする学習に重点をおくものがある[2]。

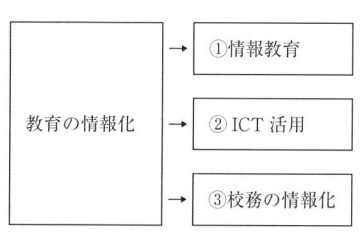

2）教育の情報化

文部科学省「教育の情報化ビジョン[3]」によれば，教育の情報化については，次の3つの側面を通して教育の質の向上を目指すとしている。

①情報教育（子どもたちの情報活用能力の育成）
②教科指導における情報通信技術の活用（情報通信技術を効果的に活用した，分かりやすく深まる授業の実現等）
③校務の情報化（教職員が情報通信技術を活用した情報共有によりきめ細かな指導を行うことや，校務の負担軽減等）

このように，①は広い意味での情報教育，②はICT活用，③は校務処理の情報化と捉えることができるので，文部科学省の進める教育の情報化とは，教育へのコンピュータ利用という流れを組む最も広い概念であることが理解できる。予算等の効率的な運用を考慮すれば，教育行政において必要不可欠な枠組みといえるが，一方で，その構成要素となる各分野における教育と研究は，情報通信基盤の整備等に関して経済や産業の側面から，各学校段階における学習内容の抽出・構成・実践・評価等の教育の側面まで，非常に広範に渡るものであり常に適正なバランスを配慮されなければならない。

図2　教育の情報化

3）CSTAによる用語の概念整理

米国のCSTA（コラム2参照）では，K-12 Computer Science Standardsにおいて関連する用語の定義が示されている。CSTAによれば，米国における中等教育段階の教育者の間で，用語の解釈において重大な間違いが生じているとしている。それは，学校教育現場でコンピュータ教育を論じる際に，Educational Technology（ET，教育技術，教育工学），Information Technology（IT，情報技術），Computer Science（CS，コンピュータ科学）の用語が区別されていないという。ここでは，それぞれの意味をCSTAにしたがい簡単にまとめてみよう。

① Educational Technology（ET）

この授業科目は，そのカリキュラムで横断的にコンピュータを利用することと定義され，また，他の分野について学ぶためにより専門的にコンピュータ技術

(ハードウェアとソフトウェア）を利用することと定義されている。例えば，理科の教師が，学習者に物理の原理をわかりやすくする教えるために，既存のコンピュータシミュレーションを使用する場合や，英語教師が学習者の編集・改訂技術の改善支援のためにワープロソフトを使用する場合などである。ET はこれらのツールを使用することであり，CS は，これらのツールを設計，創造，試験，修正，さらには実証することまで含んでいる。

② Information Technology（IT）

　この授業科目は，「人々が様々な形態の中で情報を巧みに処理したり共有したりすることによる技術の適切な使用」と定義される。IT は，コンピュータについて学習することを含んでいる一方で，技術自体を強調している。IT 専門家がハードウェアとソフトウェアの製品を適切に選択し，それらの製品を組織のニーズにあわせて統合し，それらの資源をインストールし，カスタマイズして維持することなどの責任を確実なものにしている。したがって，IT は次のようにまとめられる。

- コンピュータネットワークをインストールしその安全を確保し管理すること
- ソフトウェアをインストールし維持しカスタマイズすること
- 物理世界と仮想世界のデータを維持しそれを管理すること
- コミュニケーションシステムを管理すること
- Web 上のリソースを設計し実行し管理すること
- マルチメディアリソースと他のディジタルメディアを開発し管理すること

③ Computer Science（CS）

　CS は，現実的な次元だけではなく科学的で数学的な次元も加わるものであり，IT コースが応用分野の学習で知識の現実的な利益を引き出すものと区別される。CS の幾つかの現実的特質は，文字，画像，音声，映像に作用するように，IT と共有される。しかし，IT がそれらのツールの使用法や適用法を学ぶことに集中している一方で，CS はそれらのツールがどのようにして創られ，なぜ動いているのかということにつながる。CS と IT には多くの共通点があるが，完全に他方と代用可能ではない。例えば，複雑なアルゴリズムは，CS の基本的な題材となるが，IT カリキュラムにおいてはそうではない。CS はロボット工学やコン

ピュータビジョン（画像認識），知的システム及び生物情報学にわたる理論的な基礎から，コンピュータ応用までの可能性を大きく広げている．CS の役割は，以下の分野に集約される．
- ソフトウェアを設計し実行する
- コンピュータ的な問題を解決するための効果的な方法を開発する
- コンピュータ利用の新しい方法を考案する

ACM/CSTA Model Curriculum for K-12 Computer Science において提示される CS の定義，すなわち，「Computer Science (CS) は，コンピュータとアルゴリズム的過程の研究であり，それは，原理やハードウェアとソフトウェアの設計，アプリケーション，そして，それらが与える社会へのインパクトを含んでいる．」に基づいている．そして，この CS の定義は，高等学校の CS 教育に直接的に関連している．CS の基本的な理解は，いまや 21 世紀の生活において，高等学校卒業段階までに学ぶべき必修事項となっている．そして，全ての厳密な CS の教育過程における目標は，以下の通りとしている．
- 全ての児童生徒に小学校段階から CS の基礎概念を取り扱うこと
- 中等教育段階における CS の水準は，大学課程への導入や単位取得の容易性の両者を備えていること（例えば，数学や理科のように）
- CS に関心のある児童生徒がその分野での就職や進学の機会を得られるために発展的な学習が提供できること
- 全ての児童生徒を対象に，CS の知識を増やすようにすること．

注1． 藤田広一氏（当時，慶應義塾大学教授，工学部長，後に初代の理工学部長）

参考文献
(1) 藤田広一：教育情報工学概論，昭晃堂，1975．
(2) 松原伸一：クラウド型知識基盤社会における情報科教育の新しい展開，学習情報研究（2010 年 3 月号），No. 213，2010．
(3) 文部科学省：教育の情報化ビジョン～21 世紀にふさわしい学びと学校の創造を目指して～，2011．

3-3 情報教育のレベルとストランド

1）情報学教育のためのK-12カリキュラム策定のために

　初等中等教育については，我が国では，小学校6年，中学校3年，高等学校3年のいわゆる6-3-3制（12年）が代表的な例であるが，小中一貫や中高一貫などの教育システムをもつ学校も見受けられる。また，諸外国においては，小・中・高の学年配分が必ずしも同じではないので，国際的には，K（kindergarten，幼稚園）から12学年（小学校1年から数えて12年，すなわち高校3年）までの学校教育期間を，K-12と表現される。

　我が国における情報学教育のK-12カリキュラムを構想するには，少なくとも，次の3つの視点が必要になる。

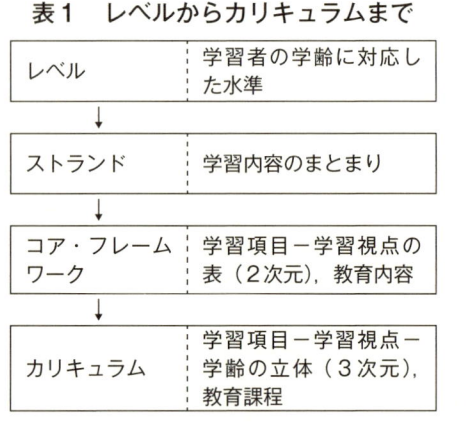

表1　レベルからカリキュラムまで

レベル	学習者の学齢に対応した水準
↓	
ストランド	学習内容のまとまり
↓	
コア・フレームワーク	学習項目－学習視点の表（2次元），教育内容
↓	
カリキュラム	学習項目－学習視点－学齢の立体（3次元），教育課程

・**レベル**

　学習者の学齢に対応した水準（レベル）の規定のことで，例えば，我が国では，小学校レベル・中学校レベル・高等学校レベルのような「学校別のレベル」がわかりやすいかもしれない。また，米国等では，レベル1・レベル2・レベル3のような「学齢別のレベル」で表現されることもあるし，英国では，伝統的にキーステージ1・キーステージ2のような表現が行われている。

・**ストランド**

　学習内容のまとまりをストランド（strand）と呼ぶ。もともと，strandとは，束（織り糸）を意味する言葉で，ここでは，初等中等教育の一貫した学習内容を撚り縄のようにつながるものと解釈すれば，わかりやすいかもしれない。

・**コア・フレームワーク**

　小学校（幼稚園を含む）から高等学校までの期間に学ぶべき内容を学習項目と学習視点の2つの次元で表としてまとめたものをコア・フレームワークと呼んでいる。これについては次節以降にて述べる。また，コア・フレームワークをベー

スに, 学齢を第3次元として展開すれば立体形となり, K-12 カリキュラムとなる.

2) レベル

レベルについては, 米国の CSTA Standards (コラム2参照, 学習標準) を例として紹介し, 筆者の視点でまとめることにしよう[1]。

・レベル1：コンピュータ科学と私（幼稚園から小学校6年）

このレベルでは, コンピュータ科学（CS）の基本的な概念を Computational Thinking（CT）の枠組みの学習を通して, 単純なアイデアを用いた技術的な学習の中で, これらを統合させることにより学習を行うことができる。学習標準により人を元気づけ・引きつけるものとなり, 学習者がコンピュータを彼らの世界において重要なものであると見なすようになる。それらは, 能動的学習, 創造性, そして探求に焦点をあてて構成される。そして, 社会, 国語, 数学, そして, 理科のような他の教科学習でこのレベルの学習が上手に組み込まれる。

・レベル2：コンピュータ科学とコミュニティ（小学校6年から中学校3年）

このレベルでは, CT を問題解決のツールとして使用し始めることになる。彼らはコンピューティングの偏在性や, コンピュータ科学が伝達と協働を容易にする手段であることを認識し始め, CT を彼らだけでなく彼らを取り巻く環境に対してまで関連した問題に対処する手段として経験し始める。学習標準から生み出された経験を積むことは, 学習者と関連させ, 彼ら自身の認識を重視した権威ある問題解決者として高められる。それらの学習標準は, 能動的学習と探求に焦点をあてて構成され, 明確な CS の中で教えられ, 社会, 国語, 数学, 理科のような他の教科学習でも, それらの体験学習が組み込まれる。

・レベル3：概念形成と実社会での解決への応用（中学校3年から高等学校3年）

レベル3では, 3つに分かれたコース（3A, 3B, 3C）が用意され, それぞれコンピュータ科学の学習のためのそれぞれ異なった特性に焦点が当てられる。これらのコースを通して, 生徒はより発展した CS の概念を身につけることができ, それらの概念を視覚的で実社会的な人工物として発展させることができる。これらの学習標準から生み出された経験を積むことは, 実社会の問題を探求することと, CT で解決策を発展させることの2つに焦点が当てられる。それらの学習標準は, 協働学習やプロジェクト学習, さらには効果的なコミュニケーション学習を含めて構成される。

3) ストランド

　CSは従来からプログラミングのみに焦点が当てられているという誤解があり，K-12の各学年に問題を生じていたという。そこで，3つのレベルの全てを通して，補足的に必須の5つに分類されたストランド（学習領域）による重要な関係が次の通り提言されている。

① Computational Thinking (CT)

　CTは，コンピュータを使って実行することができる問題解決の1つの方法である。児童生徒は，単に利用者となるだけではなく開発者になることもある。彼らは一組の概念，例えば，抽出と再帰，反復といったような概念を，データを調査し分析するためや，現実と仮想の生産物を生み出すために使用している。また，CTは，自動化され伝達された問題解決の方法論でもあり，様々な主題に適応できる。さらにCTは他の全ての種類の推理に適応し，あらゆる種類の課題を完了させることができる。

② Collaboration (CL)

　CSは，本質的に協働的な学習である。コンピュータ科学の進展は，時に，1人の功績により生み出されることもあるが，問題解決作業の際は，コンピュータを利用するプロジェクトが含まれることが多くあり，また，ソフトウェアをデザインし，コード，テスト，デバッグ，さらには，説明や管理をするといったコンピュータ科学の専門家達が協働するというような大きなプロジェクトもある。
　複数の関係者が協力して開発するという新たなプログラミングの方法論は，協働の重要さを強調するものである。

③ Computing Practice and Programming (CPP)

　コンピュータを使用することは，全てのレベルにおけるCS学習において欠くことができない。CPPは，Webページの作成や制作，問題解決におけるプログラミング，適切なファイルやデータベースの形式を選択，アルゴリズムを考慮した科学的な問題解決などの他に，適切なアプリケーションプログラム，インターフェイスやソフトウェアツール，さらには，ライブラリ等の使用なども含まれるのである。

④ **Computer and Communications Devices**

　コンピュータと情報通信装置の仕組みや原理等について理解する必要がある。また，インターネットがグローバルなコミュニケーションを促進すること，インターネットによる適切な社会への参加（シチズンシップ）を実践する方法，などを理解する必要がある。さらに，諸活動の中で，適切で正確な用語を使用することも重要である。

　初等教育段階の児童は，CS と他の教科における学習活動の際，彼らを支援してくれる多くの装置やメディアについての説明を受ける。中等教育段階では，異なった装置とその使用法について識別する。これらを通して，コンピュータとコンピュータネットワークの基本的な構成要素を説明できるようになる。

⑤ **Community, Global, and Ethical Impacts**

　コンピュータとネットワークの倫理的な使用というのは，全てのレベルにおいて欠かすことのできない CS の側面で，学習と実践における必須の要素である。学習者がインターネットを使用し始めるのが早くなればなるほど，彼らは倫理的な使用のため，その規範を学ぶべきでもある。個人のプライバシーやネットワークセキュリティ，ソフトウェアライセンスや著作権などの知識は，生徒たちが現代社会において信頼できる市民となる準備をするために，適切なレベルに応じて教育されるのである。学習者は，所有権のあるものとオープンなものに対し，様々な種類のソフトウェアの中から，見識のある倫理的な選択ができるようになり，認可や使用許可を支持する重要さも理解するようになる。また，彼らがインターネットから得た信頼性のある正確な情報を評価できるようにもなる。

　コンピュータとネットワークは，全てのレベルの社会に影響を与える多文化的な現象で，K-12 の学習者が，国際的なコミュニケーションにおけるコンピュータの衝撃を理解することは欠くことができない。適切か適切でないかという社会的なネットワークの振る舞いの違いを学び，様々な能力障害をもつ人々の生活に適応性のあるテクノロジーが果たす役割の真価を認めることも重要である。

参考文献

(1) 松原伸一：米国の CSTA K-12　Computer Science Standards と情報学教育のコア・フレームワーク，情報学教育研究 2014，pp.5-14, 2014.

3-4 新しい情報学修：IS の枠組み

1) 情報学修："情報学"の学修

「情報学とは何か」と問いかければ，最先端の情報学者のみならず，各分野の学者・教育者をはじめ，産業界や行政などのあらゆる分野の賢者諸氏から，多様なご意見が降り注ぐことだろう。しかし，ここでの情報学 (IS: Information Studies) とは，国語，数学，理科，社会，…のように，学校教育における教科としての内容学である。もちろん，先端科学も含めた研究領域としての「情報学」の成果を学校教育に反映させることも重要であるが，両者間に違いがあることを理解しておく必要がある。したがって，学習内容を決定する際には，両者の関係者が一同に会し，議論したり意見交換をしたりして共通理解の上に成立する「一定の見解」が必要になる。

以上のことから，このような学校教育の教育課程における一貫した情報学の学修を筆者は，「情報学修」と呼びたい。

筆者は，文理融合の情報学教育を提案し進めている[1]。ここでは，文理融合の各要素を，情報教育の目標の3つの観点，すなわち，①情報活用の実践力，②情報の科学的な理解，③情報社会に参画する態度，のうち，②と③に着目して学習内容をそれぞれに対応させることで，現行の学習指導要領等に配慮している。そこで，情報学教育のK-12配分モデルでは，情報社会に参画する態度を α，情報の科学的な理解を β として，**表1**のように整理して，情報学 α（「情報社会に参画する態度」，情報社会，情報安全，情報人権など），及び，情報学 β（「情報の科学的な理解」，情報技術，情報処理，情報システムなど）を定義している。

表1 文理融合の情報学 (IS: Information Studies)

情報教育の目標の観点	情報学	分野	内容
情報社会に参画する態度	情報学 α	人文科学 社会科学	情報学基礎，情報社会，情報安全，情報人権など
情報の科学的な理解	情報学 β	自然科学	情報技術，情報処理，情報システムなど
情報活用の実践力	情報学 γ	総合力	情報活用能力

また，情報学γについては，情報活用の実践力に対応させ，総合力，情報活用能力と位置づけ，情報学（γ）は，情報学（α）と情報学（β）の融合の上に成立するものと考えている。

表2　学習時間の配分モデル

K-12	授業科目（例）	時間/単位	必修選択	時間配分		
幼稚園	メディア	10H	必修	α		
小学校	メディアと情報	35H	必修	α		β
中学校	技術	35H	必修	α	β	
	情報	35H	必修	α	β	
高等学校	情報Ⅰ	2単位	必修	α	β	
	情報Ⅱ	2単位	選択	α	β	
	情報Ⅲ	2単位	選択	α	β	

また，表2は，今までの実践研究の成果を踏まえて，各学校段階のK-12カリキュラムにおける学習時間の配分モデルを示すものである[2]。

2）コア・フレームワーク

メディア教育は，概ねメディア・リテラシー教育と捉えられる場合が多いが，必ずしもこれら両者が完全に一致するものではない。また，仮に，メディア教育が，メディア・リテラシー教育と同義であるとしても，そこには，幾つかの定義や考え方があり，現時点でも一定の見解をユニークに示すのは困難である。このような状況にあって，筆者は，ディジタル環境論を背景にした，ディジタル環境リテラシー教育の必要性を既に提案しているが，ここでは，メディア教育や情報安全教育との連携を密にし，情報教育の内容構成を考察する際の新たな項目として位置づけたい。

情報学は，各研究機関によっても種々の定義が存在するが，学問体系としては新しく確立されつつある研究・専門分野であり，部分的にはこれまでも言語，心理，数学，情報工学で，さらには情報活動をしている各学問分野内などで研究されており，応用としては，人文，社会，自然の各科学の全てにかかわるものと考えたい。それゆえに，情報学は，古くて新しい分野といえるかも知れないが，メディア教育・情報安全教育を視野に入れた情報教育を構想するには必須の考え方である。情報教育のコアを情報学に求める時，次の3つの視点を設けて展望したい。第1の視点は，「情報を科学する」視点であり，情報科学や情報論・メディア論などに対して理論的な側面から見る視点である。第2の視点は，「情報を活用する」視点であり，情報活用・IT活用に関係した実践的な視点である。第3の視点は，「情報を吟味する」視点であり，情報社会や情報安全に関係して，情

報やメディアが与える影響，情報セキュリティ，情報モラルなど社会との関連を重視する視点である．情報教育における小中高の円滑な接続を目指し，K-12 カリキュラムを策定する際の基本的な内容として，**図2**のようなコア・フレームワークが提案されている．これは，情報教育の中でも，その中心的な位置を占めるコア教育（情報コア教育）の内容構成に寄与することを前提にしている．これを平面とし，これに垂直な方向の軸を定義すると，それが学齢（School Year）に該当する．これは各学校段階の学年を意味し，3次元で該当部に内容が明示されれば，K-12 カリキュラムとなる．

学習項目の例		例示	3つの視点		
			科学する （情報科学・情報論・ 情報工学など）	活用する （情報活用・情報処理・ 情報実践など）	吟味する （情報モラル・情報安全・ 情報人権，効用など）
情報学 [α]	情報		情報の本質 情報の理論	情報が与える効果 情報の蓄積	情報が与える影響 情報に関わる権利と保護
	メディア		メディアの本質 メディア論	メディアの活用 メディアの制作	メディアの影響 メディアの効用
	情報技術		情報技術の発達	情報技術の利用形態	情報技術の進展 情報技術の安全
	情報社会		情報社会の特徴	情報社会の生活	情報社会の進展 情報社会の安全
[α] [β]	問題解決		問題解決の本質 モデル化の本質 シミュレーションの本質	問題解決の実践 モデル化の活用 シミュレーションの活用	問題解決の効用 モデル化の効用 シミュレーションの効用
情報学 [β]	ハードウェア （コンピュータ）		コンピュータの基本構成 コンピュータの機能	コンピュータの操作 コンピュータの活用	コンピュータの管理 コンピュータのセキュリティ
	ソフトウェア		ソフトウェアの特徴 ソフトウェアの機能	ソフトウェアの活用 ソフトウェアと情報処理	ソフトウェアの管理 ソフトウェアのメンテナンス
	ネットワーク		ネットワークの特徴 ネットワークの機能	ネットワークの活用	ネットワークの セキュリティ

図1　情報学修（IS）のコア・フレームワーク…（IS-CF Ver6.0j）

一貫した情報学教育カリキュラムを開発するためには，K-12 を意識し，それをインテグレーションした全体像について議論する必要があるだろう．ここで取り上げる「情報学教育のコア・フレームワーク」とは，地下階から地上12階建てのビル（**図1**）を建設する際のベースとなるもので，多くの専門家の皆様に議論していただきたいものである．

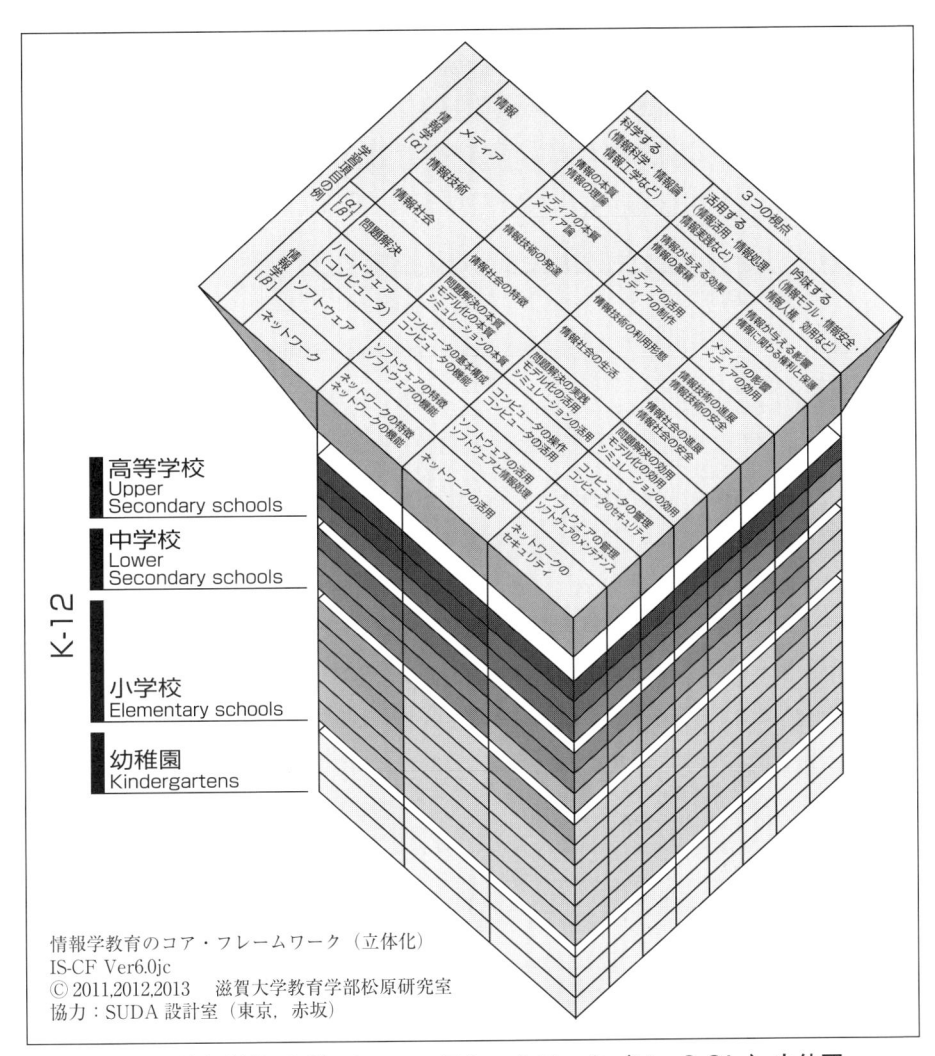

図2 情報学修（IS）のコア・フレームワーク（Ver6.0jc）立体図

参考文献

(1) 松原伸一：情報学教育の推進―中長期的な展望としてのロードマップを―，日本情報科教育学会誌，Vol. 3, No. 1, pp. 5-6, 2010.
(2) 松原伸一：情報学教育のK-12カリキュラム配分モデルと滋賀大学教育学部附属中学校の取組み，日本情報科教育学会平成24年度第3回教科教育部会資料／情報学教育関連学会等協議会2012（資料02），情報学教育研究2013，pp.56-57, 2013.

3-5 新しい情報学修：ISとCSの比較

1) 学習項目の比較

米国のCSTAによるCS（Computer Science）教育における各ストランドは，「3-3」で述べた通りであるが，その学習内容を表1に示す。

表1 CS（コンピュータ科学）の各ストランドの学習項目

ストランド	学習内容の例
Computational Thinking	問題解決，アルゴリズム，データ表現，モデル化とシミュレーション，抽象，他分野への接続
Collaboration	協働のために道具と資源の利用，協働学習のためのコンピュータ利用
Computing Practice and Programming	学習の資源利用，ディジタル作品創造の道具利用，プログラミング，遠隔による情報交流，職業，データ収集と分析
Computers and Communications Devices	コンピュータ，トラブルシューティング，ネットワーク，人間とコンピュータ
Community, Global, and Ethic Impacts	責任ある使用，技術の影響，情報の正しさ，倫理・法・安全，公平

新しい情報学修として示されたIS（Information Studies）の学習項目は，「3-4」で述べた通りであるが，その学習内容を表1にあわせて示せば表2のようになる。

表2 IS（情報学修）の学習項目

情報学	学習項目	学習内容の例
情報学 α	情報	情報の本質，情報の効果，情報の影響 情報の理論，情報の蓄積，情報に関する権利と保護
	メディア	メディアの本質，メディアの活用，メディアの影響 メディア論，メディアの制作，メディアの効用
	情報技術	情報技術の発達，情報技術の利用形態，情報技術の進展・安全
	情報社会	情報社会の特徴，情報社会の生活，情報社会の進展・安全
情報学 α＋β	問題解決	問題解決の本質，問題解決の実践，問題解決の効用，モデル化の本質・活用・効用，シミュレーションの本質・活用・効用
情報学 β	ハードウェア（コンピュータ）	コンピュータの基本構成・操作・管理 コンピュータの機能・活用・効用
	ソフトウェア	ソフトウェアの特徴・活用・管理 ソフトウェアの機能，情報処理，ソフトウェアのメンテナンス
	ネットワーク	ネットワークの特徴・機能・活用・セキュリティ

IS（Information Studies，情報学修）と CS（Computer Science，コンピュータ科学）の各学習内容を整理して比較すれば，表3のようになる。

表3　IS と CS の比較

情報学修のコア・フレームワーク IS（Information Studies）	CSTA　K-12 のストランド CS（Computer Science）
情報 メディア 問題解決	Computational Thinking
（教育方法に位置づけ）	Collaboration
ソフトウェア（情報処理）	Computing Practice & Programming
情報技術 ハードウェア（コンピュータ） ネットワーク	Computers and Communications Devices
情報社会	Community, Global, and Ethic Impacts

情報学修のコア・フレームワークにおける情報，メディア，問題解決については，Computational Thinking が対応している。また，ソフトウェアは，Computing Practice & Programming，情報技術，ハードウェア（コンピュータ），及び，ネットワークは，Computers and Communications Devices に対応し，情報社会は，Community, Global, and Ethic Impacts に対応している。

しかしながら，CSTA に位置づけられた Collaboration は，情報学修のコア・フレームワークには対応するものがない。情報学修のコア・フレームワークは，教育内容（学習内容）の構造を示すものであるため，教育方法として位置づけられる Collaboration（協働学習）を学習内容として分類せず，別に，教育方法の情報化の中に位置づけ，協働学習支援環境として展開している[1]。

以上のことから，学習項目をコア・フレームワークやストランドでみる限りあまり違いがないようにみられる。いずれの場合も，それぞれが提案する事項（項目）でみれば，K-12 における重要な項目を網羅しているものと判断される。重要な点は，その各事項を支える具体的な詳細，すなわち，その学習内容の広さと深さ，その学習を支える学年と学習時間が特に重要である。つまり，前述のように，CSTA の Computer Science は，どちらかといえば自然科学をベースに広がりをもつものであるが，情報学教育は，情報安全や情報人権，及び，メディア教育等の内容を豊富に含み，これらをまとめて学際的な情報学として学習内容を新たに規定しようとしている点が特徴的といえる。

また，他に視点を移せば，学習環境（支援環境を含む），学習のための教材教具と学習方法・評価法の開発などの点でも両者において相違が生じることだろう。
　以上のような趣旨を踏まえて，情報やメディアに関する学習を進めるものとして，文部科学省による研究開発学校指定による実践的な研究が注目される。情報学教育研究会（SIG-ISE）においても，それらの研究に協力し，または，協力を頂戴して進められてきた。

2）情報学修（IS）の広範性

　「3-2」で述べた情報教育のターミノロジーでは，
- Educational Technology
- Information Technology
- Computer Science

の概念が整理され，それに関連する用語として，
- Information Technology Literacy
- Information Technology Fluency

が取り上げられている。
　しかしながら，本書での概念整理においては，
- Computer Science
- Information Studies

の比較検討が求められているのであり，結局のところ，授業科目として（研究領域としての名称ではない），"Computer Science" と "Information Studies" の Terminology ということになる。
　そこで，情報学教育の広範性を示すために，新たな要素を提示すれば，情報安全（Information Safety）と情報人権（Information Human Rights）となるだろう。それらの学習項目を支える背景には，心理的側面（心理情報学），社会的側面（社会情報学），倫理的側面（情報倫理学），法的側面（情報法学），技術的側面（情報工学），教育的側面（情報教育学，教育情報学），その他（情報学全般）からの広範で学際的な内容を包含する必要がある。これらの詳細については，第5章で取り上げることにしている。
　アメリカ合衆国のCSTAによるComputer Science Standardsを分析・検討し，筆者が進める情報学教育との比較を行った。学習項目のレベルでは，両者に大き

な違いは見られなかった。しかし，自然科学を中心とする Computer Science に対して，自然科学のみならず人文・社会科学の分野にも積極的に学習内容を求め，広範な括りの中で成立する Information Studies の概念を教科に取り入れる点で，両者の違いは明確となるだろう。筆者は，その Information Studies を情報学と呼んでいる。Informatics という用語を使用していない点に注目して頂きたい。

3）CS における Computational Thinking の重要性

　CS はその名の通り，コンピュータ科学を教科名としている。従来の情報技術（IT）や教育技術（ET）との意味の違いに苦慮して，CS の Standards（学習標準）が策定された訳であり，その経過により，Computational Thinking（CT）というストランドを生み出している。筆者は，そのような経緯に敬意を表しつつ，改めて CT に着目したい。どうやら最終的な目標はプログラミングにあることは間違いないが，近々のシステム開発においては，柔軟な発想による問題解決力，データの効果的な活用，ネットを利用した遠隔による協働作業，際限なく広がる情報に関する広範な知識と経験・実践など，新しい環境における新しい対応が常に求められており，そのため，従来の ICT 関連教育の反省（改善志向）が背景にあることはいうまでもない。

　昨今の状況としては，先進国をはじめ，発展を積極的に進めて世界の中で優位に位置しようとしている多くの国で，今までの情報教育の反省と新たな時代に対応するための刷新が行われている。このような視点で，諸外国の情報教育の現状をみれば，我が国としても早急な対応と刷新が求められることは間違いない。今後の教育政策だけでなく，市民・国民の総意として新しい教育への期待と将来への希望を再認識する時が来ているものと考えたい。

　ところで，筆者は当初より，初等中等教育における一貫した文理融合の情報学教育（情報学修）を提唱しているが，情報処理，特に，アプリ開発等でも常に求められるプログラミングについては，実質的・現実的な中での情報処理とその処理技術を含めた内容として，情報学修の中の新たな展開を求めたいと考えている。

参考文献

(1) 松原伸一：米国の CSTA K-12　Computer Science Standards と情報学教育のコア・フレームワーク，情報学教育研究 2014，pp.5-14, 2014.

3-6 情報教育と問題解決

1）ソーシャルメディア社会の問題解決

ここでは，次のような問題を例に取り上げて考えてみよう。

【問題】 なぜ，高校では，理系クラスが文系クラスより少ないのか？

多くの高校では，理系クラスの数は，文系クラスの数に比して少ないのが現状である。それはなぜであろうか？もちろん，理数系のコースに重点を置き，実質的に医系進学や理工進学を目玉にしている高校は例外となる。例外にも配慮しながら検討する必要があるが，現実的にはこのような問題は，何気なく気になることがあっても，改めて「なぜ」と問われると戸惑い，時間の経過とともに忘れてしまうかもしれない。しかし，もしも，この問題が「学生にとっての授業レポートの課題」であったり，または，「社会人にとっての業務報告」の一部を成すものだったりしたら，皆さんは，どのように解決されるだろうか？

「社会の情報化」と「情報の社会化」がともに並行して進行する生活環境では，実際の問題解決において情報を得るという活動は容易になっている。ネット上の検索や質問の機能を利用したり，或いは試行錯誤を繰り返して，「とにかくやってみたらできた」というようなゲーム的で発見的な解決に陥ったりして，結局のところ，自らの頭脳を使って考えることを避けて，単なる答え探しになってしまうという懸念が生じるのである（図1）。

問題解決 活動の例	実際の行動の例	コメント
調べたり	→ インターネットの検索エンジンを利用して調べたり	インターネットの利用
尋ねたり	→ メールで連絡して教えてもらったり	メール利用による情報入手
試行錯誤を繰り返して	→ とりあえずやってみて，ダメならやり直したり	ゲーム的な解決
⇩	⇩	⇩
答えを出す	→ 答えを見つける	自分で考えないで，単なる答え探しになる

図1　問題解決活動の実際

2）問題と解

　学校教育の場において，問題解決を学ぶ場合，「問題」を解ける手段が必要である。つまり，問題を解く活動ができるということは，それを解くための方法（手段や手順）が具体化することを意味するのである。そしてその方法に要求される条件とは，「とにかく試行錯誤でやってみて解ければ良い」とするような，偶然に期待するものではなく，問題解決を科学的に取り扱うことである。したがって，解く方法を具体化できない場合は，問題解決を学ぶ上で「問題」に成りえない。そのような場合は，問題そのものを見直すか，解決結果の姿（解決したといえる状況や条件など）を変更する必要がある。この際に重要なのは，問題を分析し，それが解決された状況を科学的に把握することであり，それは，解決のための条件の設定を行うことでもある。

　一方，問題には，解を一意に決定できるものと，そうでないものがあることに留意する必要がある。すなわち，上記の問題の種類を受ければ，解は，それぞれ厳密解（最適解）と満足解に対応することになる。学校教育では，多くの場合，数学や理科などにみられるように，厳密解を求めることに重点があり，満足解を求めることを積極的に進める学習の多くは，情報教育がその任に当たっている。

3）プログラミング教育と問題解決

　問題解決のプロセスは，普通教育・一般教育におけるプログラミング教育の意義に関する研究から生まれたものである[1]。情報処理教育の初期において，プログラミング教育は，工学部などの専門学部で行われていたが，社会の情報化につれて，普通教育としての位置づけが必要であるといわれるようになった。それは，つまり，普通教育ではコンピュータの仕組みや働きについて理解するとともに，問題を客観的に理解し，その解決の方法を見いだすための論理的な思考を養うことに重点がおかれなければならないということであり，これは，普通教育でプログラミング教育を行うことの意義は，問題解決の能力を養うことにあるということであった。プログラミングは，問題の具体化・モデル化・最適化などの知識が必要であり，このことを重視して考察することにより，問題解決のプロセスを一般化して示すことができたのである。表1の各段階は，プログラミングの過程を考えれば比較的理解しやすいと思われるが，一般的な問題解決の場においても，適用できるものと考えている。各段階は，概ね順次進むものと考えられるが，必

要に応じて，各所で前段階に戻ることも考えられ，特定の段階が，繰り返し行われる場合も少なくないだろう。しかし，私たちは，このような段階を常に意識して問題解決を行っている訳ではないだろう。むしろ，問題解決に行き詰まったり，失敗したりした場合には，自らが行った解決活動について再考し，どこに問題があったのかを分析する必要があり，解決方法の変更や軌道修正を行うことが求められるだろう。

表1　問題解決のプロセス

	問題解決の9段階	
1	問題の意識	抽象的または直観的に問題を意識する段階
2	問題の分析	その問題を客観化・一般化する段階
3	問題の照合	既に一般化された問題と照合する段階
4	解決法の照合	既に一般化された方法の中から解決の糸口を見いだす段階
5	解決法の修正	一般化された解決の方法を問題に適合するように部分的に修正する段階
6	解決法の意識	解決の方法を具体化して意識する段階
7	解決法の実行	意識した解決法を実行する段階
8	解決法の評価	実行した結果を評価し，問題の解決の効果を検討する段階
9	解決法の一般化	修正した解決法を一般化する段階

4）制御理論と問題解決

　目的を達成するためには，何らかの制御が必要である。つまり，何らかの努力が必要で，何の努力もなく目的に達した場合は，偶然といわざるを得ないだろう。一般に，制御工学の分野

> **シーケンス制御（sequence control）**
> あらかじめ定められた順序に従って制御の各段階を逐次進めていく制御。
> **フィードバック制御（feedback control）**
> フィードバックによって制御量を目標値と比較しそれらを一致させるように訂正動作を行う制御。

では，この考え方をわかりやすく整理している。それは，あらかじめ定められた順序に従って制御の各段階を逐次進めていく**シーケンス制御**とフィードバックによって制御量を目標値と比較しそれらを一致させるように訂正動作を行う**フィードバック制御**の2つの考え方がある。シーケンス制御では，次の段階で行うべき制御動作があらかじめ定められていて，前段階における制御動作を完了した後，または動作後一定時間を経過した後，次の動作に移行する場合や，制御結果に応じて次に行うべき動作を選定して次の段階に移行する場合などが組み合わさっていることが多いため，フィードバック制御の考え方の方が理解しやすい。

例えば，私たちが机の上にある物を手で持ち上げる時，目標との距離を正確に測定して手を伸ばす訳ではない。目標物が視野に入れば，まず大まかにそこまでの距離の見当をつけて手を動かし，そして，手が目標に近づいたら，手が目標に対してどの程度ずれているかを見ながら修正をしている。つまり，このような修正を繰り返すことで，目標に到達し手でつかみとることができているのである。人間はこうした行動を意識しないで瞬時に行っている。

　筆者は，問題解決も同様の考え方ができると判断している。つまり，問題の解決には幾つかの選択肢があり，何らかの判断を行い1つの解決法を選んだり考え出したりして実施する。それが解決につながれば良いが，そうでない場合は軌道修正を行う必要がある。これを繰り返すことで問題解決ができるのである。

5）問題解決の意義

　それでは，なぜ，問題解決が必要なのだろうか？このように，ある意味で常識的な質問をすれば，当たり前すぎて，返って答えに困るかもしれない。

　より良く生きるためには，幾つかの問題や困難にぶつかるものである。そのような場合，その問題を回避することも必要かも知れないが，いつも逃げている訳にはいかないだろう。どうしても，直面する問題を解決しなければ前に進めないということがあるだろう。そう考えていくと，より良く生きるためには，問題解決能力は必要であり，生きる力としての基本的な能力の一つと考えられる。つまり，問題解決能力とは，生きている上で，より良くしたいと努力し，そのために，問題を意識し，それを解決しようと活動して，また，必要な際には，情報機器を適切に利用することで，その解決を図ることができる能力である。したがって，問題解決では，情報機器を利用することが主たる目的ではなく，問題を上手に解決し，それを科学的な視点で理解することが大切である。

　また，解決にはいくつもの方法がある。つまり，解決の手段や手順が異なれば，結果が異なることがあることを認識するとともに，選択・決定・実行した解決法を評価することが大切である。

参考文献

(1) 松原伸一：学校におけるプログラミング教育〜支援システムとその利用，オーム社，1990.

コラム3 ディジタル化の意味するものは

1) アナログとディジタル

　アナログとは，「通常電子的な装置に適用される用語で，電子回路電圧など連続的に変化する物理特性によって数値をあらわすもの。比率を意味するギリシア語（analogos）が語源で，アナログは変化と比率の両方を意味する。」と表現され，アナログ表示では，その装置が処理できる範囲内で，きめ細かな数値を表現することができる。

表1　アナログとディジタル

	アナログ	ディジタル
概説	通常電子的な装置に適用される用語で，電子回路電圧など連続的に変化する物理特性によって数値をあらわすもの	数字または数字の表現方法に関連した用語。コンピュータ処理の場合，ディジタルはバイナリ（2進数）と実質的に同義
特徴1	連続的	離散的
特徴2	物理化学的に表現	数字で表現

※マイクロソフトコンピュータ用語辞典第二版，第2版第3刷，1995．より抜粋して引用

　また，ディジタルとは，「数字または数字の表現方法に関連した用語。コンピュータ処理の場合，ディジタルはバイナリ（2進数）と実質的に同義語である。」とされる。ディジタル表示では，数値を符号化された数字に位置づけるもので，処理できる数値の範囲は，その装置の解像度に限定される。

　また，アナログは連続的で物理量で表現され，ディジタルは離散的で数字で表現されるとして対比的に取り扱われる。物理量を形成する物質は無限に細かく分けることができない。周知のように，物質は分子や原子にまで微小な世界になれば本来の物理化学的な性質が異なるものとなる。つまり，物理量も無限に細かくすることはできないし，連続的でもないことがわかる。また，アナログとディジタルの違いは，およそ精度の違いくらいしかないといわれる[1]。単純で表層的な解釈として，数字表現か否かを区別する程度なら大きな問題は生じないが，その特性を詳細に考察すれば，両者に大きな違いがないことも理解できる。しかしながら，ディジタルの世界は，テクノロジーの発展とその限界に依拠している。

　結局のところ，ディジタル化とは，人間のもつ特性と感覚器官等の精度を考慮して，使用目的に適応させて考案された効率的な情報処理手法の1つである。

2）コンピュータ処理のためのディジタル化

　数値をディジタル化するには，2進数に変換することをすぐに思いつくことだろう。しかし，それは一般人にとって，意外と難しいものである。

> 【問】次の10進数を2進数に変換せよ。　① 12　② 0.3　③ 1/3

　①は問題なく解けるかもしれないが，②はどうだろうか？　2進数にすれば無限小数となりコンピュータでは取扱いに支障が生じる。また，③は分数表現を2進数世界，そして，コンピュータの世界の取扱いが焦点となる。専門課程を学ばれた方なら難なく正解を提示されただろう。ご承知のように，無限に広がる数の世界をコンピュータで処理するには意外と困難である。浮動小数点による処理方法は，限られたビット数で対象とする数の世界を効率化するものであるが，オーバーフローやアンダーフローを起こすこともある。コンピュータの世界では，無限を取り扱うことは（そのアプローチにもよるが）大変困難なことである。

　音をディジタル化する場合は，標本化，量子化，そして，符号化という処理を行うことはよく知られているが，例えば，標本化において，どの程度の細かさでデータ処理をすれば良いかという課題に対しては，人間の音に対する周波数特性や限界値を参考にして，標本化定理に基づき決定することで効率的なディジタル化が可能になる。この際には，人間の感覚器官では識別できない程の細かな情報は捨象される点が効率を最大化させることになるのである。

　また，画像のディジタル化では，色の処理に興味深い点がある。例えば，発光色の場合，「赤と緑を混ぜれば黄色になり，赤と緑と青を混ぜれば白色になる」という考え方（加法混色）は，人間の目の網膜の性質（赤，緑，青をそれぞれ感知できる特殊な組織の性質）を利用しているのである。もともと，光は電磁波の1種で，異なる波長の光を混ぜても別の波長の光を発生させることはできないが，無数に広がる細かい光の色に対して，たった3つの光で光全体を表現しようとする方式（3原色）は，人間の特徴を上手に利用した効率的な方法である。それにしても，人間の目の網膜が3原色対応だったという幸運に感謝したいものである。

参考文献
(1) 西垣通：デジタルとアナログ，朝日新聞夕刊，2005年1月20日．

第4章

情報とメディアの科学

4-1 情報の科学

1） 情報の特徴

情報の特徴については，次のように整理することができる[1]。

・**情報の特徴1：情報は複製により伝播する**

SNS（Social Networking Service）を利用して，思ったことを自由に発信できることは，社会と自分とのリンク（関連性）を実感する上で重要な要素である。しかし，情報が一度伝えられれば，それを取り戻したり消去したりすることは困難（または，不可能）である。情報はメディアを介して，それを知った人から別の人へと伝わり短期間で多くの人がその情報の複製を受け取ることになる。

・**情報の特徴2：情報のやり取りには意図がある**

情報は，本来それを作り出す人が存在し，それを伝える側（送り手）がある。情報が発信される場合は，受け手（不特定多数の場合もある）に対して何らかの意図をもって行われる。したがって，情報を伝えるには，発信者はその意図を明確に認識するとともに，目的が達成されるように配慮する必要がある。それが，単なる数値・記号の集合体でない限り，そのやり取りには何からの意図があり目的が介在する。

・**情報の特徴3：情報の価値は一定ではない**

送り手から出された情報は，受け手にわたり解釈される。その時，その情報の価値が決まるのである。すなわち，情報の価値は，発信時に確定しているのではなく，受け手の側における種々の条件・環境に依存し，その時々，場面などで，異なる価値となる。また，この価値とは別に，

特徴1：情報は複製により伝播する

①情報の広範性：短期間で多くの複製がいたるところに存在することになる。
②情報の保存性：情報は，人に与えても減らない。
③情報の一方性：渡された（盗まれた）情報は，取り返すことはできない。
④情報の不滅性：伝えた情報は，消すことはできない。

特徴2：情報のやり取りには意図がある

①意図の介在：情報のやり取りには，送り手に意図がある。
②目的の存在：情報のやり取りには，目的が存在する。
③有効性の追求：情報のやり取りには，有効性が求められる。

特徴3：情報の価値は一定ではない

①人依存性：情報の価値は，その受け手の価値観により左右される。
②時依存性：情報の価値は，それを受けた時により異なる。
③場依存性：情報の価値は，それを受けた場所により異なる。
④経済性：経済的価値も同時に生じる。

経済的価値を同時に生じ，ビジネスの対象となることも多い。

2) データと情報

筆者が以前に実施したアンケート調査では，データと情報を区別して使用している人は数%程度であり，日常においてデータと情報をほぼ同様の意味で扱って，区別しないことがわかった[注1]。辞書によれば，**表1**に示すように，データ（data）とは「ラテン語の datum の複数形である」と記され，「コンピュータで扱う情報で，数値や文字，記号などをコンピュータ処理に都合のよい形として，表現したもの」という説明や，「まだ特定の目的もなく，したがって評価も与えられていない諸事実を客観かつ中立的に示している記号および系列」という説明などがある。

表1 データの意味

出　　典	意　　味
マイクロソフト・コンピュータ用語辞典（アスキー，1995）	ラテン語の datum の複数形
パソコン用語事典（技術評論社，1995）	コンピュータで扱う情報で，数値や文字，記号などをコンピュータ処理に都合のよい形として，表現したもの。
情報用語辞典（日本経済新聞社，1975）	まだ特定の目的もなく，したがって評価も与えられていない諸事実を客観かつ中立的に示している記号およびその系列。

表2は，「形態」と「特徴」の2つの視点で簡潔にまとめたものである。形態については，データも情報も同一とするのが妥当であり，これらを共通に，「記号およびその系列」としよう。特徴については，次のよう定義しよう。まだ特定の目的もなく諸事実を客観かつ中立的に示し，したがって評価も与えられていない場合には，それはデータであり，一方，そのデータに対して，評価がなされ目的や意図，価値などが与えられることにより，人間が行動の意思決定または選択に役立てられるという認識を確認できれば，認識の主体にとって情報となると定義できるのである。データも情報もその形態に違いはなく，これらを常に区別する必要はないが，そ

表2 データと情報の相違性

	データ	情報
形態	記号およびその系列	
特徴	客観的	主観的
	中立的	発信－受信者間に， ・意図が介在（発信者側） ・目的が存在（意思決定）
	評価がされていない。（ただし，データベースのように経済的価値が生じる場合がある）	受け手により価値が変化する

の微妙な違いを理解することで本質に迫ることができる。この定義は，定量的な考察の際にも有効となり，定性的考察と定量的考察の意味的な接続を行う点でも重要である。

3) データ量と情報量

・データの量に起因する情報量（データ量）

情報量の大小について，2冊の本を比較する場合を考えよう。恐らく多くの人は，本に印刷されている文字の量（文字数）に着目することだろう。もし，1ページ当たりの文字数が同じであれば，総ページ数で比較するかも知れない。これは，情報の大小の基準が「記号の量」に対応していることがわかる。日常的にはこの量のことを「情報量」と呼ぶことがある。上記のように，データと情報を区別できれば，この量は，「データ量」と呼ぶ方がわかりやすいかも知れない。

・情報の強度に起因する情報量

まず，次のような問題について考えよう。

その際，文字数の大小で決める場合は，前述の「データ量」となるので，ここでは別の視点で，情報が人に与えるインパクトの強さ（**情報の強度**）に着目する。

> 【問題】通報Aと通報Bを比較して，どちらの通報の方が，情報の量が多いと感じますか？
> 通報A：「コンセントの電圧が100ボルトである。」
> 通報B：「コンセントの電圧が85ボルトである。」

普通の家庭用電源の電圧は100ボルトであるので，通報Aは通常の状況を示している。通報Bは電圧が85ボルトで，異常な状況であることを示している。すなわち，ニュース性があったり，あまり起こらないことの方が，情報の強度は大きいと感じる人が多いだろう。実は，**表3**で示す基準を客観的に表すものは確率である。すなわち，通報の情報の量を考える場合，その通報の事象が起こる確率を基準にして考えるとちょうど良いことがわかる。その確率が大きいとは，よく起こることを示すことになり，確率が小さいということは，まれにしか起こらないということであるので，確率の大小と情報量の大小は逆の関係になっている。

さらに，通報は，1つ目，2つ目と増えれば，それらの情報の個々の量を足し合わせることで求めることができれば便利

表3　情報の（強さの）多少

	情報　多い	情報　少ない
ニュース性	ある	ない
頻度	あまり起こらない	よく起こる

94　第4章　情報とメディアの科学

である。このようなことから，次の2つの条件として整理することができる。

条件1：確率に対して単調減少性，　**条件2**：情報の追加に対して加法性

条件1を満足させるものは無数にあるが，最も簡単な関数として，y=1/x を取り上げよう。また，条件2を満足させるものとしては対数関数がある。そこで，ある通報の確率がpの時，その通報の情報量Iは，次の通りとなる。

$I = \log_2 (1/p) = -\log_2 p$ [bit]

・データ量と情報量の比較

「データの情報量（データ量）」と「情報の情報量」について，**図2**を参考にして具体的に計算して数値で表現すると**図3**のようになる。

情報量	データの情報量	バイナリデータに変換した時（2進符号で表わされた時）のビット数（バイト数）
	情報の情報量	情報としての強度。（結果として，情報理論における情報量が該当すると考えてもよいだろう。）

図2　「データの情報量（データ量）」と「情報の情報量」

		データの情報量		情報の情報量
		バイナリデータに変換した時のバイト数（ビット数）		情報としての強度
		↓　（例）		↓　（例）
		文字量に依存した情報量		確率に依存した情報量
		文字数の総数 C [文字]	符号長の総数 L [byte]	情報理論の情報量 I [bit]
例1	表が出た	4 [文字]	8 [byte] (64 [bit])	1 [bit]
例2	五の目が出た	6 [文字]	12 [byte] (96 [bit])	$\log_2 6 \fallingdotseq 2.58$ [bit]

図3　データと情報の情報量

注1． この調査は，平成15年度の科学研究費補助金の援助を受けて行われたもので，「データと情報」，についての認識を問うものである。調査は，2003年9月に行われ，対象者は，滋賀県内の11校（県立高校7校，私立高校1校，公立中学校2校，国立中学校1校）の生徒達であり，合わせて2,123人から有効な回答を得た。その結果，「データと情報」について，これらを正しく区別して使用していると判断されたものは，123人で全体の5.8%であった。

参考文献

(1) 松原伸一：情報学教育の新しいステージ～情報とメディアの教育論～，開隆堂，2011.

4-2 メディアの科学

1） メディアの意味

　私たちは日常においてメディアという用語を普通に使用している。しかし，その際にメディアの意味を問われるとどうなるだろうか？

　次のような例を参考にして，それぞれの意味するものを考察してみよう。

> 【問】　次の各例文において，下線部のメディアの意味を推察して説明せよ。
> 例文1　ファイルを記録している<u>メディア</u>は何ですか？
> 例文2　<u>メディア</u>は真実を伝えるべきである。
> 例文3　<u>メディア</u>とは都合の良い言葉である。

　例文1のメディアにおいては恐らく簡単であろう。これは，<u>記録メディア</u>を意味し，結局のところ，USBメモリか，CD-Rか，…と聞いているのである。

　例文2もまた容易で，<u>報道メディア</u>を意味するものと判断できるだろう。つまり，具体的にはテレビや新聞などを指すものと理解できれば十分である。

　ここで気がつくことは，例文1と例文2に現れる<u>メディア</u>は，同じ用語でも指すものが異なるということであろう。同じ表現を使用しても，文脈により記録メディアを指したり，報道メディアを指したりするので，正確な理解の前提には一定の経験や知識を必要とするのである。このユニットのテーマはその点にあり，次の例文に進めよう。

　例文3については，具体的に何を指すのか，どのような意味なのかをこの例文からは判断するのは困難である。しかしながら，これが長文の書き始めだとしたら，筆者はどのような論旨で進めようとしているのか，或いは，どのような意見なのかと考えを巡らすことで，読者の興味関心を引くかもしれない。

　文の構成については，その目的がはっきりしない段階で，<u>メディア</u>という用語の使用にはコメントし難いが，その概念の広がりによる多様な考え方が背景にあることを巧みに利用しているのかもしれない。

　多様な意味をもつメディアの概念を整理して理解することは，その本質や問題点に迫ることができ，結果として，「情報安全」や「情報人権」に関する適切な考え方や振る舞いを促進することにつながることだろう。メディアの概念は，本

書のテーマである「ソーシャルメディア社会」において，重要なキー概念である。

2）メディアの辞書的な意味

英和辞典によれば，メディア（media）とは，mediumの複数形で，「媒体」，「媒介」，「手段」などと記述されている。

すなわち，メディアとは，ある所（または，状態）からある所（または，状態）へ内容を運ぶ媒体や媒介となるものであり，それ自体は内容を運ぶ手段に過ぎない。また，メディア自身の性質や能力域いはその特徴などに起因して，内容が運ばれる過程において，何らかの物理的な制約が生じ，結果として，その内容に制約が与えられることがある。しかし，その場合でも，メディアは，本来，内容そのものではないのである。したがって，メディアは，内容を支える「器」や「導管」のようなものであり，内容は，器に入れて運ばれたり，または，導管を流れたりして，伝達されるのである[1]。

> メディアとは
> 新英和中辞典（研究社）によれば，mediaは，mediumの複数形で，mediumには，
> ①中位，中間，中ほど，
> ②媒介物，媒質，媒体，導体
> ③媒介，手段，方便
> ④環境，生活条件，など
> の意味がある。

情報伝達の際に，媒体や媒介にノイズ（不要な情報）が混入することがある。言い換えれば，もとには無かった内容が追加されたり，域いは内容の一部が壊れたりするという事態が発生することがある。情報理論においては，情報を伝達する手段を通信路と呼び，必ずしも目に見えるような具体的な通信の路であると限定するものではなくもっと幅広い概念を有している。

ところで，情報は空間と時間を媒介として伝達されると考えられる（情報伝達のモデル化という）。情報の空間的伝達とは，ある場所で発生した情報を別の場所で受け取ることであり，時間的伝達とは，ある時刻に発生した情報を別の時刻に受け取ることである。通信路においては，単位時間にどの程度の情報を送ることができるかを表す通信速度，その最大値である通信路容量などが重要なテーマとなるが，誤りのある通信路ではどうなるかに関しても同様である。

また，通信工学では，誤りという概念は，信号（signal）に対する雑音（noise）として取り扱われ，情報そのものである信号と誤りである雑音，情報伝達の手段である通信路は，明確に区別して論じられるのである。通信路という概念は，ここでいうメディアの概念に近い。

このようなメディアの定義は，主に情報工学，情報科学などの自然科学の分野

を中心に，情報社会を技術的な側面で支える立場において，概ね共通する解釈であると思われる。しかしその一方，例えば，哲学，社会学，情報学などの分野では，「メディアという物質的・技術的な形式によって社会を把握する技術決定論ではないか」という批判もある[注1]。以降のユニットでは，様々な視点で考察を行う。

3) メディアの種類

　メディアの種類について考えてみよう。日常生活において，私たちは，様々な対象に対してメディアという用語を使用している。例えば，テレビ・ラジオのような放送メディア，新聞・雑誌・書籍などの印刷メディア，或いは，テレビ・ラジオ・新聞・雑誌などを報道メディアと捉えたり，フロッピーディスク，CD-ROM，DVD，BD（Blu-Ray Disc）などの記録メディア，メモリースティック，SDメモリなどの記憶メディアがあり，また，情報通信分野では，インターネットやWebページなどをネットワークメディアと呼んだり，アナログメディアやディジタルメディアという用語が用いられたりすることもある。一方，コンピュータ科学の分野では，アナログメディア／ディジタルメディアとは，特に情報を蓄える媒体を示し，古くは，紙テープ，カード，磁気テープ，磁気ディスクなどのように，コンピュータで処理するための情報を記憶するのに用いる物理的材料を集合的に表す用語として用いられたのである。また，ある書物には，「インターネットは，身近でとても便利なメディアとなってきました」と記されたり，「Webページはメディアである」のように書かれたりすることもある。

表1　メディアの種類（例）

様々なメディア	説明
表現メディア （マルチメディア）	数値，文字，画像（静止画，動画），音声のように，基本的な表現手段を例にあげることができる。 ※これらが統合したものはマルチメディアと呼ばれる。
情報メディア	情報を伝達する機能をもつ媒体の総称である。
放送メディア	テレビ，ラジオなどが典型的である。
印刷メディア	書籍，新聞，雑誌，パンフレットなどがある。
報道メディア	テレビ，ラジオ，新聞，雑誌などの報道機関を指す。
記録メディア	CD，DVD，ブルーレイディスクなどの記録手段を指す。
記憶メディア	メモリースティック，SDメモリなどのメモリーカードなどである。
アナログメディア／ ディジタルメディア	アナログデータ／ディジタルデータをそれぞれ取り扱う。
ネットワークメディア	インターネット，Webページなどを指す。

※「情報学教育の新しいステージ」（松原伸一著，開隆堂，2011）のp.28, 表1より引用。

4） メディアの社会化（ソーシャルメディア）

　ソーシャルメディアはデモクラシーを支援する一方で，情報による暴力的な行為を可能としている。特にテレビが出現し優勢な時代では，マスコミュニケーションがマスメディアと呼ばれるようになり，オピニオンリーダーのメッセージが多くの人に届くようになった。また，インターネットの進展に伴い，調査手法の新しい流れができるとともに，SNS（Social Networking Service）などのように時間や空間の制限を受けない自由な情報通信手段の出現により新しい世論形成，社会変動促進などの新しい潮流が生じて，メディアのソーシャル化が一層進んでいる。スティグレール（Stiegler）は，ソーシャルメディアを通して創造的で批判的な公共空間を生み出す可能性を提唱するが，今まさにその状況であるといえるだろう。ソーシャルメディアの利用により，政治体制や社会制度に対して，個人や集団の自由の拡大や政治参加等の機会の拡張が促進されるのである。

　メディア学（Media Studies）は，人文科学と社会科学，そして自然科学を横断する学際的な学問分野である。マクルーハン（McLuhan, M）は，技術が形成する社会（"グローバルヴィレッジ"）と人間（中枢神経系としての捉え方）の変化に着目するものでメディア学の大きな流れを起こしている。また，その一方で「技術決定論」と「社会決定論」というメディアに対する視点や立場の相違が新しいメディア学（メディア論）に活力を与え，哲学的背景をもつ「メディオロジー」という新たな潮流もある。このような状況の下，私たちは，メディア学（メディアの科学）の成果として基礎的な知識を得ることにより，ソーシャルメディア社会において，安全で安心な環境の形成に寄与することが望まれる。

注1． 例えば，以下の文献を参照されたい。
- 大黒岳彦：「メディアの一般理論」への視座〜N．ルーマン社会システム論のメディア論的位相，思想（2003年7月号），No.951, pp.23-47, 2003.
- 正村俊之：記号学・メディア論・情報科学の源流，思想（2003年7月号），No.951, pp.1-4, 2003.
- 水越伸（責任編集）：20世紀のメディア1　エレクトリック・メディアの近代，ジャストシステム，pp.13-15, 1996.

参考文献

(1) 松原伸一：ディジタル環境論〜ディジタル環境が及ぼす人間生活への影響〜，ナカニシヤ出版，2004.

4-3 大学における情報学

1) 情報学系の学部

　情報学を定義するのは困難である。それは，情報社会の到来により，多くの学問分野において，情報に関する研究が進んでいることによる。例えば，筆者の学生時代を思い起こせば，所属した研究室では，Educational Informatics という表現を時折使用していた。直訳すれば，「教育情報学」ということになるが，筆者の恩師は，教育情報工学という表現を使用しておられた[1]。40年近く前のことである。情報学の進展は，このように諸分野における情報のかかわりから生じるものが多く，いわゆる「応用情報学」にその進展をみることができる。

　その一方で，情報学の原点ともいえるコア的な学問の進展もある。それは，「基礎情報学」[2]であるが，ここでいう「基礎」とは，学校教育等で用いられるような「初歩的で易しい」という意味ではなく，基礎科学としての位置づけに注意を要する。すなわち，基礎科学とは，各学問分野の基礎部分を取り扱うもので，哲学的なアプローチを余儀なくされることも多いのである。また，数学の世界では，「数学基礎論」という分野があるが，これは，数理論理学，特に集合論を取り扱う分野として理解すれば，「初歩的で易しい」どころか一般庶民にとっては，難解な分野といえるだろう。すなわち，学問分野における「基礎学」とは，そのようなものである。

　ところで，情報学に論を戻そう。自然科学における情報学の展開は，情報工学にみることができるだろう。工学部（或いは理工学）の分野に情報工学という分野が成立して久しいが，工学部から独立して情報学部（或いは，〇〇情報学部，情報〇〇学部）という名称をもつ大学も増えてきている。**表1**は，我が国における情報系学部の開設・設置の状況について主なものを示したものである。

　慶應義塾大学環境情報学部が1990年に開設されてから，既に20年以上が経過している。環境情報学部という名前は，「人を取り巻くものは環境，そことやりとりすることは情報」というコンセプトから生まれたとされ，「最先端のサイエンス（脳科学, 身体科学, 生命科学, 情報科学, 環境科学等），テクノロジー（ICT, 空間情報技術, エレクトロニクス, バイオテクノロジー等），デザイン（メディ

アデザイン，デジタルアート，建築・環境デザイン等）を駆使し，柔軟に人文・社会科学と融合することによって，地球，自然，生命，人間，社会を理解し，未解決の問題に取り組み，解決策を創造します。」と表現している[注1]。

また，京都大学大学院情報学研究科によれば，情報学とは，複雑で動的に変化するシステムにおける，情報の生成，認識，表現，収集，組織化，最適化，変換，伝達，評価，制御を対象とし，人文学，社会学，認知科学，生物学，言語学，計算機科学，数理科学，システム科学，及び通信工学的な側面があり，人文社会科学や自然科学の領域と相互に密接な関係をもち，様々な分野からの寄与を得て発展し，また，様々な分野の更なる発展に寄与するものとされる[注2]。

東京大学大学院の情報学環は研究組織でその教育組織である学際情報学府は，人文社会系や理工系の個別領域を横断する学際情報学（Interdisciplinary Information Studies）を探求する場所とされる[注3]。

また，関東地区では，法政大学情報科学部，明治大学情報コミュニケーション学部が開設・設置されるとともに，関西地区では，早期に関西大学総合情報学部が設置されている。さらに，立命館大学では理工を付した情報系学部を，同志社大学では文化を付した情報系学をそれぞれ設置・開設し，それぞれの大学に特徴的な表現をもつ学部が誕生したのである。なお，国立大学では，静岡大学にて早期に（1995年）情報学部が設置され，いわゆる理系と文系のベースをともに有する幅の広い情報学部が誕生している。特に2005年以降，各大学に情報系学部やメディア系学部が多数設置され，情報社会を担う人材養成に力が注がれている。

表1　情報系学部の開設・設置の状況（主なもの）

年月	情報系学部の開設・設置　※（　）は大学院
1990.4	慶應義塾大学，環境情報学部を開設
1994.4	関西大学，総合情報学部を設置
1995.10	静岡大学，情報学部を設置
1998.10	（京都大学，大学院情報学研究科を設置）
2000.4	（東京大学，大学院情報学環・学際情報学府を設置）
2000.4	法政大学，情報科学部を開設
2001.4	（東京大学，大学院情報理工学系研究科を設置）
2004.4	明治大学，情報コミュニケーション学部を設置
2004.4	立命館大学，情報理工学部を設置
2005.4	同志社大学，文化情報学部を開設
：	以降，各大学にて，情報系学部が多数開設・設置される。

※開設または設置の表記については，各大学の表現に従った。

2) 教員養成系の場合

一方，教員養成系では，どのような展開になったのだろうか。筆者の勤務する大学を例に歴史的な経緯について考察してみよう。滋賀大学教育学部は他の国立教員養成系学部と同じように師範学校を主な母体として，1949年に設置されて以来，今日に至るまで，教育学部の名称を変更していない。情報学教育に関する経緯としてみれば，教員免許の取得を義務づけない「情報科学課程」が設置されたのが1990年のことである。慶應義塾大学に環境情報学部が開設したのと同年である。表2は，教員養成系学部の例を示す。

表2　教員養成系学部の一例

開設年度	滋賀大学教育学部	大学院教育学研究科	備考
1990	情報科学課程		新設
2000	情報教育課程		情報科学課程を改組（名称変更）
2001		学校教育専攻情報教育専修	新設
2005	学校教育教員養成課程メディア教育コース		新設
2012	学校教育教員養成課程情報・技術専攻／専修		情報教育課程及びメディア教育コースを改組して新設

その後，2000年には，情報教育課程に改組された。この頃の話題は，高等学校に新しく設置された教科「情報」に関するものであり，2003年度より実施されるため，教科「情報」を担当できる教員の養成が急務であった。

教科「情報」の教員養成に関しては，現職教員等を対象として，2000年度から2002年度までの3ヶ年にわたり，認定講習会が開催された。当初の予定では，全国で，各年度に3,000名ずつ，3ヵ年で9,000名の「情報」の免許取得者の養成を目指すこととされた。実際のところ，9,000名という全国の数値目標は達成できたが，各都道府県別にみれば，その達成率は大きく異なっている。

一方，大学における教科「情報」の教員養成は，各大学ごとに課程認定を受ける必要があり，この条件や日程が明らかになったのは，2000年6月のことであった。筆者の勤務する大学でも，この時より1年程前から準備を進めていたが，条件や課程認定の日程が明らかになったのを受け，課程認定のための作業を進めて，初年度からの開設を行うことができた。したがって，教科「情報」の教員養成は，最も早くて，2001年度に授業科目が開設された。

従来の考え方をすれば，2001年度の入学者から対象となるので，彼らが卒業するまでに4年間を要し，2005年度の教員採用時まで待たなければならない。しかし，今回の課程認定では，教職などの多くの科目で改訂があり，困難が予想されるものの，原則として，その対象を在学者に拡大することができるようになった。筆者の勤務する大学学部では，当該年度入学者のみを対象にして年次進行で授業科目を順次開講するのではなく，2001年度において在籍する全ての学生を対象にしていたので，教科「情報」の免許取得にかかわる全ての授業科目を，原則として，初年度から開講したのである。

　結局のところ，本学学部では，2002年度の卒業者から教科「情報」の免許取得者を出すことになり，授業開設からわずか2ヵ年で，教科「情報」の免許を取得するために努力した者がいたのである。これは，全国で最も早いといえるだろう。

　一方，大学院教育においては，全国に先駆けて，情報教育に特化した「情報教育専修」を設置し，教科「情報」の専修免許も取得できるようになったのである。第一期生となる2001年度入学者には，認定講習で教科「情報」の1種免許を取得したものが含まれたので，2002年度末には，全国で最初に教科「情報」の専修免許取得者を出すことができたのである[3]。

　筆者が学んだEducational Informatics（教育情報学）の時代から幾多の年月を経て現在に至っている。ソーシャルメディア社会となった現在では，大学における情報学だけでなく，初等中等教育段階における情報学の導入に向けて積極的に進める時期に来ているといえよう。

注1． 慶應義塾大学総合政策学部・環境情報学部のWebサイト
（http://www.sfc.keio.ac.jp/pmei/#ei）の情報をもとに構成。

注2． 京都大学大学院情報学研究科のWebサイト「情報学とは」
（http://www.i.kyoto-u.ac.jp/introduction/informatics.html）の記述をもとに，筆者が一部編集して記述。

注3． 東京大学大学院 情報学環・学際情報学府（http://www.iii.u-tokyo.ac.jp/about）を参考に記述。

参考文献
(1) 藤田広一：教育情報工学概論，昭晃堂，1975．
(2) 西垣通：基礎情報学〜生命から社会へ〜，NTT出版，2004．
(3) 松原伸一：情報科教育法，開隆堂，2003．

4-4 メディア論

1) メディア研究におけるメディア論

　メディア研究（Media Studies）は，メディア学とも呼ばれ，多様なメディアを研究の対象としている。筆者の専門はメディア情報学（Media and Information Studies）としているが，その際のメディア研究とは，メディアの仕組みや特徴，概念，内容，歴史，影響や効果，など，多岐にわたる項目を取り扱うもので，自然科学，社会科学，及び，人文科学など各分野に横断的に関係する学際的なものとして理解している。特に，マスコミュニケーションやインターネットに関係する諸科学への関心は大きく，文学，哲学，社会学，政治学，経済学だけでなく，医歯薬学，理工学，農学，芸術，映画，ディジタルコンテンツなど，およそ考えられる無数の学問分野に視野は広がっている。メディア研究におけるメディア論については，メディアに対する考え方（理論）をまとめたものと解釈すれば，上記のように多様な学問分野からのアプローチが予想される。したがって，ベースとなる学問分野により，その目的や方法論，価値観が異なる。

2) マクルーハンのメディア論

　マクルーハン（1911.7.21～1980.12.31，カナダ・トロント大学教授を経て同大の文化技術センター所長を歴任）は，当初，修辞学を専門とする英文学者であったが，米国における大衆文化を研究したのを契機にして，電子メディアの登場により，従来の活字文化における人間の思考形態や社会全体を如何に変化させるかについて研究している。そして，1960年代において「グーテンベルクの銀河系」，「メディア論」などを出版したのである。日本では，1967年に「マクルーハン旋風」が起こったが，これは，日本の著名な評論家が取り上げたことに起因するといわれる。当時は，「メディアはメッセージである」という表現が流行したとされ，その後，しばらく忘れ去られたともいえる時代が続いたが，最近のようなIT革命による社会の急激な変化により，インターネットに象徴される新しいメディア社会の到来で，現在でもなお彼の理論が注目されている。また，"Understanding Media"として，26のメディアの例が示されている（**図1**）。その中には自明と

思えるものもあるがわかりにくいものもある[1]。

話されることば	書かれたことば	道路と紙のルート	数
衣服	住宅	貨幣	時計
印刷	漫画	印刷されたことば	車輪，自転車，飛行機
写真	新聞	自動車	広告
ゲーム	電信	タイプライタ	電話
蓄音機	映画	ラジオ	テレビ
兵器	オートメーション		

図1 マクルーハンによるメディアの例

　筆者は，マクルーハンのメディアに対する考え方を理解するため，各種の文献を調査して，マクルーハンのメディア論を以下のように整理している[2]。

- **無文字社会と文字社会という文化史の時代区分**：人類の文化史を，口頭文化，書字文化，活字文化，電気文化の時代に区分し，無文字社会の特徴を分析して，「聴覚的」であるとし，文字以降の社会は「視覚的」であると対置する。つまり，聴覚は空間のどの部分からも信号を受け取ることができるために，立体的・空間的である。一方，文字以降，特に活字文化の社会では，視覚が優位となり，人間の「感覚比率」が変化することにより人間の世界認識のありようも変化して，人間同士の関係も変わるという考え方である。電気時代のメディアの影響により，口頭文化の時代にあったような共同体が地球規模で再現するのではないかとしている。これが，いわゆる「地球村」論である。
- **メディアについての言説**：彼は，各時代の技術は人間の感覚の「外化」と捉え，印刷文字やテレビなども人間の感覚器官の拡張であるとみる。
- **「メディアはメッセージである」という言説**：メッセージの内容にかかわらず，受信者の接するメディア自体が受信者にとって意味をもつというものであり，メディアは器であり，内容にはなり得ないとする，技術の媒体論とは異なる。
- **マクルーハンのメディアの分類（ホットメディアとクールメディア）**：ホットメディアとは情報の量が豊富であり，受信者はそれが伝えるメッセージをそのまま受け取れば良いとするメディアである。クールメディアとは，情報の量が少ないため，受信者は不足分を補うために能動的な参加が必要なメディアである。

　上記のようなマクルーハンの言説は，メディアを受信者の立場に立脚している点，メッセージの受信に際して脳神経系に着目している点，情報の「入れ物」としてのメディア自体に受信者は価値を見出そうとするというメディアの記号論的な解釈などが特徴的である[3]。一方，中田[4]によれば，「コミュニケーション」，「メ

ディア」,「インフォーメーション」は,それぞれにおいて,互いに混同されやすい用語としながらも,これらの概念を明らかにしマクルーハンの思想を読み解きながら,高度情報通信社会における新たなメディア論を展開している。これ以降としては, Marshall McLuhan の死後, 8年を経過して Eric McLuhan の手によって出版された「メディアの法則」[5]は,「ポスト・メディア論」といわれる。

3) メディアの技術決定論と社会決定論

　正村[6]によれば,マクルーハンが取り上げたメディアは,記号の乗り物となる物質的形式を指し,また,シャノンが定義した情報量は,一切の意味内容を捨象した非意味的な概念であったという。そのため,メディア論には,「メディアという物質的・技術的な形式によって社会を把握する技術決定論ではないか」という批判が浴びせられ,情報(科)学には,「非意味的な情報概念を使って社会を分析できるか」という疑問が投げかけられたという。しかし,上記の批判は一定の妥当性をもっているとしても,記号論,メディア論,情報科学は相互に緊張をもちながらも意外な接点をもっているという。その意外な接点とは,形而上学との親和性であるとし,その理由は以下の通りとしている。

　「情報」概念は, 20世紀に入って確立されたが,「インフォーメーション」という言葉は,ラテン語の「インフォルマチオ (informatio)」に由来する。この言葉を,アウグスティヌスやトマス・アクウィナスは「魂の形成」といった文脈の中で用いたという。「インフォルマチオ」の中核をなす「フォルマ (forma)」は「形」を意味し,アリストテレスのいう「形相 (eidos)」に相当する。事物の本質を規定する「形相」と事物の材料となる「質料」の結合体として事物を捉えたとき,形相と質料は,アリストテレス哲学の中心概念「エネルゲイア (energeia)」における現実態(働きを実現しているもの)と可能態(潜在的なもの)に相当し,限定するものと限定されるものの関係にある。「インフォルマチオ」は,魂に形相が刻印されることによって,魂が形成されることを表現している。ここで,魂に形相を刻印する働きは,意味に担われているが,その意味作用の核心は,不確実なものの中から特定のものを選び出す選択的な働きにある。一方で「情報量」は,諸々の選択肢の中から特定の選択肢が選び出されたときに生ずる不確実性の減少の度合を表している。つまり,選択肢の意味内容が捨象されているとはいえ,不確定な状態が選択的な働きを通して確定された状態へ移行するという。

以上のことから，有意味的概念である「インフォルマチオ」と非意味的概念である「情報量」は，その核心部分において繋がっている。情報の本質を不確実性の減少に求めた情報科学の考え方は，現実的なものが可能的なものに対する選択に基づくことを示した形而上学において先取りされていたとみることもできる。このことが，情報科学と形而上学の意外な親和性を示すものである。

　一方，水越[7]によれば，エレクトリック・メディアの歴史社会的展開を通して，メディアの在り方が，電気技術の進歩によって一方的に規定されるわけではないとしている。エレクトリック・メディアは，電気技術を核としながらも，身体や社会との複雑で多層的な相関の中で，社会的に生成されてきたと考え，このようなメディアの把握の仕方を，ソシオ・メディア論としている。そして，これは，メディアの技術決定論の意義を限定的にしか認めないとしている。情報技術はメディア変容を，さらには社会変容を引き起こす重要な因子であり，その情報技術自体も社会の網の目に組み込まれる形で存在している。ソシオ・メディア論を有効なものにするための枠組みとして，①メディアは社会的に生成される，②メディアは多元的な実体性を帯びて社会に存在している，の2つがある。

参考文献

(1) M. McLuhan: UNDERSTANDING MEDIA - The Extension of Man, McGraw-Hill Book Company, 1964.／Marshall, McLuhan（栗原豊，河本仲聖訳）：メディア論　人間の拡張の諸相，みすず書房，1987.

(2) 松原伸一：ディジタル環境論〜ディジタル環境が及ぼす人間生活への影響〜，ナカニシヤ出版，2004.

(3) 久保正敏：マルチメディア時代の起点，日本放送出版協会，1996.

(4) 中田平：マクルーハンの贈り物　〜インターネット時代のメディアを読み解く〜，海文堂，2003.

(5) McLuhan Marshall and McLuhan Eric："Laws of Media: The New Science", University of Toronto Press, 1999（Reprined）.／Marshall McLuhan and Eric McLuhan（中澤豊訳）：メディアの法則，NTT出版，2002.

(6) 正村俊之：記号学・メディア論・情報科学の源流，思想（2003年7月号），No.951, pp.1-4, 2003.

(7) 水越伸：メディアの生成：アメリカ・ラジオの動態史，同文館出版，1993.

4-5 情報とメディアの基礎能力

1） リテラシー（literacy）

　リテラシー（literacy）という用語は，本来，「読み書きの能力，またはその能力のあること」を意味し，いわゆる「識字能力」のことであり，「読み・書き・そろばん」といわれるように，全ての人にとって必要な基礎的・基本的な能力である。このことから，リテラシーという用語は，識字能力のみならず，教養として必要な種々の基礎的・基本的な能力に対して使用され，例えば，①コンピュータ・リテラシー，②情報リテラシー，③メディア・リテラシー，などがある。これらの概念には曖昧なところが多いが，概ね，○○リテラシーといえば，「○○に関する基礎的・基本的な能力」と考えれば良いだろう。ここではそれぞれについて考察してみよう。

①コンピュータ・リテラシー

　コンピュータ・リテラシー（Computer Literacy）は，教育工学や情報教育の分野で早期に提案されたものであり，海外では，1970年代の後半頃から1980年代の前半頃にかけて，この教育がカリキュラムに積極的に組み入れられている。我が国では，「コンピュータ・リテラシーによい訳語を」と題する記事が，日本教育工学会のニューズレターで取り上げられた[1]。図1は，その訳語と概念構造を示すものである。

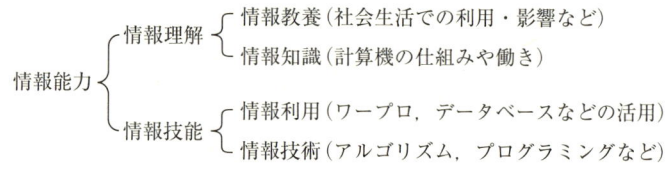

情報能力
- 情報理解
  - 情報教養（社会生活での利用・影響など）
  - 情報知識（計算機の仕組みや働き）
- 情報技能
  - 情報利用（ワープロ，データベースなどの活用）
  - 情報技術（アルゴリズム，プログラミングなど）

図1　コンピュータ・リテラシー

　この特徴は，コンピュータという語の代わりに，情報という用語をあてることによって，コンピュータ以外のメディアも一緒にして，体系的にメディア教育を行うことができるとしている点にあるが，現時点でメディア教育のメディアにつ

いて考察すれば，これは，コンピュータ及びその周辺装置などの情報機器を対象としている点で，ハードウェア指向のメディアといえる。

その後，ニューメディアが出現したこともあり，コンピュータのみに限定すると考えられるコンピュータ・リテラシーよりも，コンピュータをも含めた，より広い概念をもつメディアという語を利用して，メディア・リテラシーという表現の方を好む関係者もいた。さらに，1980年代後半にはコンピュータやコンピュータ等を内蔵する情報機器（ニューメディア）を対象とし，これらをメディアとして位置づけて，メディア・リテラシー（#1）という言葉を好んで使用していた。筆者は，これを第一世代のメディア・リテラシーと呼び，現在のメディア・リテラシー（第二世代のメディア・リテラシーまたは，単に，メディア・リテラシー（#2）と呼ぶ）と区別している。

コンピュータ・リテラシー	当時は，一般教養にもかかわらず，コンピュータという語が専門性をイメージさせるので，そのソフトなイメージをもつ情報やメディアという用語に置き換える傾向があった。
メディア・リテラシー　#1	メディアは，コンピュータ及びその周辺機器のこと
情報リテラシー	情報の操作や活用する能力
メディア・リテラシー　#2	報道メディアを中心に各種のメディアを含めた広範な概念

図2　種々のリテラシー

②情報リテラシー

情報リテラシーについては，臨時教育審議会第二次答申（1986年4月）の中で，「情報化に対応した教育に関する原則」として，ア．社会の情報化に備えた教育を本格的に展開する，イ．すべての教育機関の活性化のために情報手段の潜在力を活用する，ウ．情報化の影を補い，教育環境の人間化に光をあてることが示され，また，「情報活用能力」という概念を提示し，これが，「情報リテラシーすなわち，情報及び情報手段を主体的に選択し，活用していくための個人の基礎的な資質」を意味するものとされ，この定義は現在でも定着したものとなっている。

③メディア・リテラシー

さらに，第二世代のメディア・リテラシーについては，メディアという語が多様で多重な概念であることが原因し，メディア・リテラシーの概念も多様性を帯

び，これが種々の意味で使用されるため多少の混乱を生じているのが現状である。そこで，①渡辺[2]，②鈴木[3]，③菅谷[4]，④平成14年度版情報通信白書（総務省編）[5]，⑤新「情報教育に関する手引き」[6]の各種の文献をもとに，それぞれにおけるメディア・リテラシーの定義をまとめると，**表1**のようになる。

表1　メディア・リテラシーの種々の定義

	メディア・リテラシーの種々の定義（例）
①	メディアを使いこなし，その提供情報を読み解く能力であり，メディアを使いこなすことも内包し，そのため，単にマスコミ批判のようなものはこれに該当しない。
②	市民がメディアを社会的文脈でクリティカルに分析し，評価し，メディアにアクセスし，多様な形態でコミュニケーションを創りだす力である。また，そのような力の獲得をめざす取り組みもメディア・リテラシーに含める。
③	機器の操作能力に限らず，メディアの特性や社会的な意味を理解し，メディアが作り出す情報を「構成されたもの」として建設的に「批判」するとともに，自らの考えなどをメディアを使って表現し，社会に向けて効果的にコミュニケーションをはかることでメディア社会と積極的に付き合うための総合的な能力。
④	メディアを主体的に読み解く能力，メディアにアクセスし，活用する能力，メディアを通じてコミュニケーションを創造する能力，特に情報の読み手との相互作用的（インタラクティブ）コミュニケーション能力が相互補完しあい，有機的に結合したもの。
⑤	メディアの特性を理解し，それを目的に適合的に選択し，活用する能力であり，メディアから発信される情報内容について，批判的に吟味し，理解し，評価し，主体的能動的に選択できる能力を示すもの。

2）　その他の能力

リテラシー以外に，注目される能力としては，アビリティーやコンピテンシーなどがある。これらは，各分野において様々に定義され，使用されているが，概ね，**表2**のように筆者は考えている。

表2　各種の能力

資質・能力	説明
アビリティー	一般的な能力で，潜在的なものを含む
コンピテンシー	個人／地域／社会等の各側面において必要な総合的な能力
リテラシー	活用する基礎的・基本的な能力，「読み／書き／（そろばん）」に相当
フルエンシー	本質を理解する／活用を実践する／効果を評価する

アビリティー（ability）とは，いわゆる一般的な能力のことで，潜在的なものも含むと考えよう。

　コンピテンシー（competency）もまた，能力を意味する語であるが，OECD（経済協力開発機構）では，1997年にPISA（Programme for International Student Assessment）をスタートさせている。そこで，DeSeCo（OECD's Definition and Selection of Competencies）プロジェクトによる最終報告が2003年に行われ，PISA調査の概念枠組みの基本となっている。社会の情報化の進展に伴い，教育の成果と影響に関する情報への関心が高まり，キー・コンピテンシー（Key Competencies）の特定と分析に伴うコンセプトを各国共通にする必要性が強調されてきている[7]。ここでのコンピテンシーとは，単なる知識や技能だけではなく，技能や態度を含む様々な心理的，社会的なリソースを活用して，特定の文脈の中で複雑な要求（課題）に対応することができる能力とされる。

　フルエンシー（fluency）とは，本来，弁活の流暢性（能力）のことをいうが，リテラシーが識字能力のもつ「基礎的・基本的な能力」として位置づけられたように，フルエンシーにおいては，弁活の流暢能力から「応用的・発展的な能力」として位置づけるのが妥当である[8]。

参考文献

(1) 坂元昂：コンピュータ・リテラシーによい訳語を，日本教育工学会ニューズレター，No.11, p.2, 1996.
(2) 渡辺武達：メディア・リテラシー　情報を正しく読み解くための知恵，ダイヤモンド社, 1997.
(3) 鈴木みどり：メディア・リテラシーを学ぶ人のために，世界思想社, 1997.
(4) 菅谷明子：メディア・リテラシー，岩波書店, 2000.
(5) 総務省（編）：平成14年度版情報通信白書，ぎょうせい, 2002.
(6) 文部科学省：情報教育の実践と学校の情報化～新「情報教育に関する手引き」，2002.
(7) OECD：The Definition and Selection of Key Competencies-Executive Summary, 2005.
(8) 松原伸一：情報学教育の新しいステージ～情報とメディアの教育論～，開隆堂, 2011.

4-6 メディアの社会化

1） メディアが及ぼす社会現象

インターネットをモバイル環境で容易に利用できるようになり，SNS（Social Networking Service）などを活用して情報を発信できるようになったことにより，種々の新しい問題が生じている。身近に行ったことを皆に知らせたいという思いは，情報伝達の即時性であり，送信する際には思いもよらなかった現象を生んでいる。その主なものを一般化してまとめれば，表1のようになる。

表1　メディアの影響

問題となる行為の例	予想される問題
個人的な情報を拡散させる	個人情報の流出 プライバシーの侵害
複写，改竄など知的財産権の違法な使用	知的財産権の侵害 （著作権の侵害）
誹謗や中傷による個人への攻撃	人権侵害
会社や店舗など企業の経済活動の妨害	偽計業務妨害 威力業務妨害
アルバイト先における違反行為の静止画像や動画像の発信	偽計業務妨害 威力業務妨害
有名人や芸能人の来店に関して就業中に知り得たことを発信	就業規則違反 肖像権の侵害
その他，違法行為を実況したり，静止画像や動画像を投稿したりする行為	※違法な行為に応じて種々の問題が生じる

2） ディジタル環境が及ぼす影響

ディジタル環境にかかわる影響は，「ディジタル環境を利用できないことによる影響」と「ディジタル環境の特質に起因する影響」との2つに分類できる。前者は，一般にディジタル・ディバイド（digital divide）と呼ばれるもので，情報格差と訳される。後者は，ディジタル・ディバイドに属さないが，ディジタル環境が人間生活に及ぼす影響として，本質的で重要な社会現象の原因となるものである。筆者は，このようにディジタル環境が人間生活に及ぼす影響をディジタル・インフルエンス（digital influence）と呼んでいる。その主な影響は，表2に示す。

表2　ディジタル・インフルエンス（digital influence）

影　　　響	具　体　例
①情報セキュリティに対する影響	・コンピュータ・ウィルスによる被害の拡大とセキュリティのための投資の増大 ・サイバー・テロによるシステムへの影響と利便性とのトレード・オフ
②個人情報・プライバシーに対する影響	・個人情報の流出による様々な影響 ・監視社会といわれるように，安全管理とのトレード・オフ
③教育活動に対する影響	・e-Learning／WBL といった教育環境の変化と質的・量的な負担の増大 ・ディジタル教育の必要性とともに，教育内容の増大
④ディジタル環境依存による生活スタイルや考え方・価値観の変化	・携帯電話やインターネットからの頻繁なインタラプトによる影響 ・孤独感と連帯感への影響
⑤民主主義の考え方に対する影響	・間接民主主義から直接民主主義への移行 ・民主的プロセスの在り方に対する考え方への影響
⑥職業・家庭生活環境への影響	・時間的制約・空間的制約の解消によって生じる両環境の多重化による影響 ・職業人／家庭人としてのボーダレス化によるストレスへの影響
⑦人間の生涯設計への影響	・静的設計から動的設計への移行 ・人生目標の多焦点化
⑧人間の判断への影響	・仮想と現実の相互接近による影響 ・情報の量（多量の情報）と質（情報の信憑性・信頼性）が判断に及ぼす影響
⑨人間の活力への影響	・自らが活動して情報を生成するという活力への影響 ・仮想世界と現実世界で発揮する活力のバランスへの影響

※ディジタル環境論[1] より引用

3）メディアの現実性と仮想性

　メディアは現実世界に存在しても，仮想的な効果をもたらす。また，仮想世界のWebサイトでは，現実世界に大きな影響を与える存在となってきている。

　筆者は，このような状況を踏まえ，現実世界と仮想世界の相互接近による社会現象を指摘し，「仮想世界の現実性」と「現実世界の仮想性」の表裏一体の2重構造について既に指摘している。

①仮想世界の現実性

　バーチャル・リアリティ（virtual reality）は，仮想現実と訳される。これは，現実感を伴った仮想的な世界をコンピュータの中に作り出された状態やその状態

を作り出す技術（以降,「VR 技術」と呼ぶ）を指すこともある。この用語は,米国 VPL Research 社の Jaron Lanier と同社に仕事を発注した NASA Ames 研究所の Scott Fisher らが「仮想環境ワークステーション」プロジェクトで使った語であるとされる。VPL 社はデータ・グローブやデータ・スーツなどを商品化している。そのデータ・グローブを利用して，コンピュータ画面に立体 CG で表示された 3 次元物体を，持ち上げたり，触ったりすることができるのである。宇宙空間での作業や原子炉内での修理作業のように，実際に人間がその場に行くのに困難や危険がある場合，人間の代わりにロボットにその作業をさせることが考えられる。

> **VR 技術の可能性**
> ①仮想環境が現実の作業にリンクする場合
>   実際には存在する世界（または環境）であるが，何かの理由（危険である，コストがかかりすぎる，何度も再現できない）で，その世界（または環境）には，入ることができない場合，VR 技術を利用した遠隔操作を行うことなどがこれに該当する。
> ②仮想環境が現実の機能にリンクする場合
>   実際には存在しない世界ではあるが，そこにある各種の機能が現実にある機能と同様であったり，現実には体験することができない機能であっても，その機能が十分現実性をもっている場合などがある。

VR 技術は，このような場合にあたかも自分がその場で作業しているかのように振る舞うことで，そのロボットの操作を可能にするのである。また，マイクロマシンが実現されれば，人体の中での医療作業が可能になり，この分野においても VR 技術が期待されている。また，現実に近い感覚を提供できる装置の開発により，例えば，ある物体の側面を通過する空気の流れや有機化合物の構造，人体の骨格や臓器など多くの分野において，3 次元表示の中で，VR 技術を応用して，それに触れてみたり，動かしてみたり，観察したりすることも可能となる。

　VR 技術を利用して，外科医が実際の手術を行う前に，手術を仮想的に体験したり[2]，また，家を建てる際の設計段階でも，どのような家が出来上がるのかを体験することができたり，人格をもったキャラクター達が登場するある種のゲームの中に入り込み，自らがその登場人物になって活動したりすることができる。一方，類似したものに，artificial reality（AR：人工現実）という用語もある。これは，米国の Myron Krueger が 1974 年頃から人工的な現実を作るという意味で使用している。AR では，データ・グローブのような特別な装置は使用しないとされる。

②現実世界の仮想性

　virtual reality は仮想現実と訳され，仮想世界の現実性を追求するものであった。一方，物語や小説は，現実世界を描写したり，現実には起こり難い事件や現象を取り上げたりすることもある。いずれにしても，これらは，現実そのものではなく，いわば仮想世界ということもできるだろう。ドラマ（drama）は，演劇や芝居などを意味するが，種々の手段により，上演されたり，また，映画のようにメディアを通して上映されたりする。そこに登場する人物を演じる人は，現実世界の人であり人格を有す。そして，その人物には役があり，彼はその役を演じ，その演じている世界は，現実世界である。このように，演劇や芝居のように役者が存在するが，演じている役の人物・人格はそこには実在しない（他に実在する場合もある）。これは，もっともプリミティブな場合の例であるが，私は，これを**現実世界の仮想性**（現実的仮想性，real virtuality）と呼んでいる。歌舞伎や浄瑠璃などもその例となる。

　私たちの毎日の営みは現実そのものであるが，日々の喜びや悲しみ，安心や不安の中に生きている。このような身体的・精神的な両面に渡る疲労やストレスから逃れるためには，余暇が必要で，演劇やコンサート，遊園地などもそれらのもつ仮想性が私たちの生活

real virtuality （現実的仮想性）
演劇，芝居，歌舞伎，浄瑠璃
コンサート，リサイタル
遊園地，テーマパーク
模擬授業，マイクロ・ティーチング
ロール・プレイング
避難訓練，予行演習　など

に潤いを与えるものとなっているし，他にも，現実世界のシミュレーションとしての効用が認められているものもある。このように考えると，我々の現実生活の中にも，仮想性の必要なことは十分理解できる。実際に現実も仮想化が進んでいるのである。

参考文献

(1) 松原伸一：ディジタル環境論～ディジタル環境が及ぼす人間生活への影響，ナカニシヤ出版，2004.
(2) 小林正弘，中島龍夫，千代倉弘明，田中乃悟，藤野豊美：仮想人体モデルの生成とその利用－ネットワーク型手術シミュレーションシステム，電子情報通信学会誌，Vol. 84, No. 5, pp. 299-302, 2001.

コラム4 ディジタル環境とメディア

1) ディジタル環境とメディア

社会の情報化は，同時に，情報の社会化も生じ，産業界では新しいビジネスモデルが次々と生まれ，今までにない経済活動に期待が高まっている。しかしその一方で，各種のメディアは，思いもよらない形で大きな社会現象を引き起こし得る。このような「メディアの社会化」は，ソーシャルメディアの新たな可能性と問題点が混在する状態のまま飛躍的な拡大基調に乗っている。

ソーシャルメディア社会では，高機能な情報通信環境をベースに，飛躍的な便利さの反面，深刻な問題が多数発生している。例えば，情報環境の急激な変化は，新たに出現する技術やサービスを利用するための知識や技術を常に習得し続けなければならないが，誰にでもできることではない。しかし，もっと困難な問題が私たち自身に内在している。つまり，それは，メディアが私たちの意識や認識・判断に大きく影響しているということである。現実世界はますます仮想化し，仮想世界はますます現実に迫っている。私たちの周辺情報は，もはや「どの程度正しくて，どの程度妥当なものか」を即時に判断することが，極めて困難な状況にあるといわざるを得ない。そして，このような現象は，種々の新しい発想や価値観，さらにはそれらを支える新しい枠組みまでも創り出し，新たな限界が生じるとともに，私たちが長年に渡り構築してきた多くの枠組みが，再構築を余儀なくされる状況にある。私たちを取り巻く社会は，メディアの社会化により種々の複雑な問題を内在する社会へと変化しているのである。これを，**ディジタル環境**と呼び，社会化したメディアの影響を大きく受ける社会を**ソーシャルメディア社会**と呼んでいる。このような新しい社会環境は，未だ人類の経験したことのない新しい世界であり，地球規模に拡がる課題となっている。

2) ディジタル環境における基礎能力

ディジタル環境では，どのような基礎的能力が必要になるのだろうか？筆者はこの課題に対して，既に1つの提案を行っている。その際に必要となる基礎的・基本的な能力を「**ディジタル環境リテラシー**」と呼んでいる。

これは，各種の資質・能力の分析・考察の結果，①デジタル環境の本質を追求する志向性，②デジタル環境を科学的に認識できる資質・能力，③デジタル環境を自らコントロールできる資質・能力，④自己の意識をモニタリングする能力，⑤自己の意思を行動で表現する能力，の5つの要素で構成され，関係する能力等との対応を示せば**表1**となる。

表1　ディジタル環境リテラシー

構成要素	資質・能力等
①ディジタル環境の本質を追求する志向性	自己教育力，問題解決能力
②ディジタル環境を科学的に認識できる資質・能力	洞察力，分析力，客観的視点
③ディジタル環境を自らコントロールできる資質・能力	情報活用能力
④自己の意識をモニタリングする能力	自己意識形成力
⑤自己の意思を行動で表現する能力	コミュニケーション能力

次に，ソーシャルメディア社会における新しい資質能力として，「**メディア・フルエンシー**」を提案している。**表2**は，その3つの視点と内容を簡単に示したものである。メディア・フルエンシー教育は，メディア・リテラシー教育と同義ではない。また，単にICT活用やマルチメディア作品の制作のみを扱うものでもない。筆者が構想するメディア・フルエンシー教育とは，メディア情報学をベースに（ア）メディアの本質を理解する，（イ）メディアの利用を実践する，（ウ）メディアの情報を吟味する，の3つ視点を設定している[1]。

表2　メディア・フルエンシーの3つの視点

	3つの視点	内　容	
メディア・フルエンシー	（ア）メディアの本質を理解する	メディアとは何か	【メディア論】
		ディジタル環境の特徴	【ディジタル環境論】
		学習環境としてのメディア	【学習環境論】
	（イ）メディアの利用を実践する	メディアの利用	【ICT活用】
		メディア利用方法の開発	【教育方法】
		視聴覚メディア教材の開発	【教材開発】
	（ウ）メディアの情報を吟味する	メディアの伝える情報	【メディアの情報論】
		メディアの影響	【メディア・リテラシー】
		クラウド型の知識基盤社会	【情報社会論】

参考文献

(1) 松原伸一：情報科教育のカリキュラムとその学習支援環境，情報学教育研究会(SIG_ISE)，2012．

第5章

情報学修

5-1 情報安全と教育

1） 2つの安全：safety と security

情報の安全については，"情報セキュリティ"という語を思いつくかも知れない。

ところで，"セキュリティ"とは，どのような意味があるのだろうか？

表1は，英語としての security の用語例とその意味を示したものである。これからもわかるように，security とは，「safety の具体的な証（安全保障）」という意味があり，一般的な安全という意味の safety とは異なることが理解できる。

表1　security の用語例とその意味

用　語	意　味
security blanket	子供が安心のためにもっている毛布，精神安定のための物
security camera	防犯カメラ
security check	body search，空港などでのボディチェック
Security Council	国連の安全保障理事会
security firm	警備保障会社
security pact/security treaty	安全保障条約
security police	要人の警護に当たる保安警察
social security	英：社会保障，生活保護，福祉援助，米：welfare
security policy	企業などで，ネットワークの運営主体によって定められたセキュリティに関する内部規約

筆者は，このように，セキュリティの意味を整理し，セーフティとの違いを明確にするとともに，情報安全に関する教育（情報安全教育）の必要性を提案する中で，2つの安全について指摘している[1]。

セーフティとセキュリティの違いについて，わかりやすく表現すれば，**表2**のようになる。したがって，"情報セキュリティ"とは，具体的な証となる安全のことで具体的に機能するものとして情報システムがあげられる。しかしながら，セキュリティが証のある安全を示すということが重要であり，必ずしも情報システムのみ

表2　2つの安全

	セーフティ	セキュリティ
名詞形	safety	security
（形容詞形）	(safe)	(secure)
意味	安全	安全
補足説明	一般的な安全	安全を確保するための具体的な証がある安全
例	road safety（交通安全）	security camera（防犯カメラ）

を対象とするものでないことに注意を要する。

2) 安全と安心，危険と不安

　広辞苑（第6版，岩波書店，2008）によれば，安全とは，「安らかで危険のないこと」と記され，安心とは，「心配・不安がなくて，心が安らぐこと」と記されている。安全とは，対象とする（関心のある）場所の状況が，安らかで危険のないことであり，安心とは，意識の状況が，安らかで不安のないことであると考えられるので，両者を**図1**のように対比的に定義することができる。

用　語	意　　味		反意語
安　全	安らかで，危害・危険がないという外的要因を生じる周辺状態	⇔	危　険
安　心	安らかで，心配・不安のないという内的要因を生じる心理状態	⇔	不　安

図1　安全と安心／危険と不安

　村上[2]によれば，安全学の必要性について，安全の追求，危険の予知，評価，それに基づく危険除去の方法は，いわゆるリスク・マネージメントという分野がかかわってきたことであり，人間工学などの分野と連携しながら成果を収めてきたという。「安全－危険」という枠組みの中において，しなければならないことがまだ沢山あるが，仮にこれらが解決されても，現代の不安を解消することはできないのである。つまり，不安は，その反対概念である安心も含めて，定量的な扱いから大きくはみ出る世界であり，不安を数値で表すことはできないし，安心の度合いを数値化することも困難であるというのである。また，現代社会の問題は，既に欲求の充足からはずれ，「満足－不足」の軸から「安心－不安」の軸へとシフトしている。

　このように，安全学は，「安全－危険」の軸と，「安心－不安」の軸と，「満足－不足」の軸とを総合的に眺めて問題解決を図る試みである。仮に危険が回避されたとしても，それを認識できなかったり，理解できなかったりすれば，不安が解消されないばかりか，さらに新たな不安が生じることもあることを私たちは日常的に経験している。安全に対して科学的にアプローチしようとすることの重要性を再認識せざるを得ない。

> 安全学
> ・「安全－危険」の軸
> ・「安心－不安」の軸
> ・「満足－不足」の軸
> の総合的な観点で問題解決を行うもの
> ↓
> 仮に，危険が回避されても，不安が解消されないことがある。

3) 3つの情報安全

情報安全とは，情報と人間・コミュニティ・社会等に関する安全を意味し，次の3つに分類して考えたい（**図2**）。

情報安全	①情報の本質に起因する安全 （information safety）	・安全な情報 ・情報の安全な取扱い（情報の本質，情報の表現や取扱い，信頼性や信憑性など）
	②情報システムにかかわる安全 （information security）	・安全な情報システム ・情報システムの安全な管理・運営（情報機器やネットワークにおける情報セキュリティなど）
	③情報社会における安全 （social safety and security）	・安全な情報社会 ・情報社会における安全な営み（安全な組織・団体，安全なコミュニティ，安全な社会など）

図2　3つの情報安全

・情報の本質に起因する安全（information safety）

情報そのものが人間や社会に与える影響から安全を取り扱うもので，情報の本質（物質との違いなど），情報の表現や取り扱い（コミュニケーション），信頼性や信憑性（メディア・リテラシー）なども含まれ，これらは，「安全な情報を求めるもの」と「情報を安全に取り扱うもの」に大別することができる。

・情報システムにかかわる安全（information security）

情報システムに関しては，主に情報機器やネットワークなどの情報セキュリティに関するもので，「安全な情報システムを求めるもの」と「情報システムを安全に管理・運営するもの」に大別される。情報セキュリティとは，総務省が毎年編集し発行する情報通信白書において，「情報資産を安全に管理し，適切に利用できるように運営する経営管理のこと。適切な管理・運営のためには，情報の機密性，安全性，可用性が保たれていることが必要である。」と記されている[注1]。ここで，注目すべき点は，情報セキュリティとは，情報システムの漠然とした安全だけでなく，それを取り巻く運用の範囲まで拡大して，それを運営する団体・組織等の取り組みとして，情報の機密性，安全性，可用性の確保にまで言及し，いわゆる情報セキュリティポリシーとその対策にまで言及していることである。

・情報社会の安全（social safety and security）

社会の情報化，情報の社会化が進む中で，「安全な情報社会を求めるもの」と「情報社会における安全な営み」に大別することができる。これは，社会的な安全性であり，安全な社会システムを追及することでもある。

4) 情報安全教育

筆者は，情報にかかわる諸科学の成果を内容として教育に反映することを「情報学教育」と呼んでいる。したがって，前述のように情報安全（情報にかかわる種々の安全）は，情報学の重要な構成要素であり，情報学の学習の中で，特に，情報安全にかかわる教育であり，情報安全教育は，情報学教育の重要なコアをなすものである。情報安全教育の側面は，情報学をベースとすることで，**表3**のように展開することができる。

表3　情報安全教育の各側面

側　面	内　　容
心理的側面 （心理情報学）	物質とは異なる情報特有の性質や特徴，情報が人間に与える影響，情報と人間のかかわりを中心にして，安全という視点から情報を科学的に理解することなど
社会的側面 （社会情報学）	ディジタル環境論，Web2.0，クラウド型知識基盤社会，ユビキタス社会等に象徴されるように，情報社会の特徴と人間とのかかわりを中心にして，安全という視点で社会を科学的に理解すること
倫理的側面 （情報倫理学）	情報モラルやマナー，倫理的・道徳的な知識・態度を育むこと
法的側面 （情報法学）	知的財産権，個人情報保護法，プライバシー権，情報社会の治安や安全という視点から関係する法律の理解など
技術的側面 （情報工学）	情報機器やネットワーク，情報システムのセキュリティなど
教育的側面 （情報教育学， 教育情報学）	情報安全教育に関わる内容論，方法論，比較教育論，情報安全教育の在り方など
その他 （情報学全般）	スキル，興味・関心，ICT環境，リスクコントロール等に関する多様な側面

注1．例えば，平成22年度版，平成23年度版，平成24年度版，平成25年度版など，各年の情報通信白書にて用語解説として同様の表現が記されている。

参考文献
(1) 松原伸一：情報安全教育，情報教育実践ガイド，追録Q＆A解説編，第一法規，Vol.32, pp.1891-1895, 2008.
(2) 村上陽一郎：安全と安心の科学，集英社新書，2005.

5-2 交通安全と情報安全

1) 自動車とコンピュータ

　自動車は，質量のある物の移動や物流（道路交通としてのリアル性）の主役の1つであり，その一方で，コンピュータは，質量のない情報の通信や情報流（情報通信としてのバーチャル性）の要となっている。それでは，まず，それぞれの起源について考えてみよう。

①世界で最初の自動車

　単に自動車といっても，電気自動車，ガソリン自動車，ディーゼル車，燃料電池車，ハイブリッド車などいろいろあるが，ここでは，比較的一般的で台数も相当数に及ぶガソリン自動車を取り上げよう。

　ところで，世界で最初の自動車は，誰がいつ発明したのであろうか？

　自動車産業の発達した我が国のことを考えれば，是非とも，トヨタや日産・ホンダなどや，或いは，大量生産に成功した米国のフォード社などをあげたいところであるが，自動車の起源は，欧州に原点を見ることができる。表1は，主な自動車会社について，設立年を示したものである。会社によっては，沿革の解釈にて複数の異なる年となる場合もあったが，筆者の判断にて有力とみなした方を示すとともに，

表1　主な自動車会社の創業史

年	事項
1882	プジョー（仏），設立 ※当初は，自転車など2輪車を製造 ※世界最古の自動車会社の1つ
1886	ベンツ，ガソリン式3輪自動車にて特許を取得 ゴットリープ・ダイムラーとマイバッハ，4輪車の製造
1898	ルノー・フレール（仏），設立
1903	フォード（米），創業 ※1908年，発売のT型フォード：大量生産の象徴
1906	ロールス・ロイス・リミテッド（英），設立 ※1904年，前身が創業
1917	BMW（独），設立 ※1916年，前身が創業
1919	シトロエン（仏），設立
1927	ボルボ（スウェーデン），設立
1933	豊田自動織機製作所に自動車部，開設 自動車製造株式会社（日産の前身），発足
1937	豊田自動車工業，設立
1938	フォルクスワーゲン（独），設立
1948	本田技研工業，設立

※各社のWebサイト及びWikipedia等を参照して作成

※印を付して補足を行った。

　ところで，**表1**からわかるように，1886年にカール・ベンツが0.9馬力のガソリン式3輪自動車で特許を取得し，また同年，ゴットリープ・ダイムラーとマイバッハが4輪動力車の製造に成功していることから，1886年を世界最初のガソリン自動車が誕生した年と考えたい。それ以前に，プジョー（仏）の設立がみられるが，この時にガソリン自動車を製造販売していた訳ではない。しかし，世界最古の自動車会社として評価される点で，当初の自動車産業の優越性を理解し，また，同様に，英国，独国，米国の先進性に同期して，我が国の自動車会社の先進性についても想像することができるだろう。

　当時，まだ自動車という概念が一般的ではない時に，馬なし馬車（馬なし動力車）の利用について，一般の人々に理解してもらうことの困難さがあったというのである。カール・ベンツは，車で移動してみせるなどのパフォーマンス[1]を行い自動車の利便性とレジャー等への応用を夢みて，現在のようなモータリゼーションの社会を120年以上も前に予想していたものと判断したい。

②世界で最初のコンピュータ

　世界で最初のコンピュータについては，種々の考え方がある。大型で汎用の電子式自動計算機としては，モークリーらによって開発されたENIACが有名だが，それ以前にアタナソフとベリーにより開発されたマシン（後にABCマシンと呼ばれる）とする考え方もある。アタナソフのマシンは，小型で専用の自動計算機であったという。また，汎用でプログラム内蔵の電子式自動計算機としては，EDSACを起源とするものもある。これらは，コンピュータの仕組みのアイデアの起源を誰にするかという問題，小型か大型か，汎用か専用か，などに加えて，コンピュータの定義により，その起源に幅が生じている。これらの議論に関しては文献を参照されたい[2,3]。

　しかし，アタナソフやモークリーらは，現在のような状況すなわち自動計算機械という概念を超えたソーシャルメディア社会を予想することができたであろうか？

世界で最初のコンピュータ
1939...ABC　小型，専用
アタナソフ　ら
（米国，アイオワ州立大学）
1946...ENIAC　汎用
モークリー，エッカート　ら
（米国，ペンシルベニア大学）
1949...EDSAC　汎用，プログラム内蔵
ウィルクス　ら
（英国，ケンブリッジ大学）

概ね一人の人生（平均寿命）よりも短い年月において，コンピュータが想像以上に進化・普及し，私たちの周りのあらゆる分野に浸透して，身近な存在として位置づけられることになり，社会の情報化のみならず，情報の社会化という現象を引き起こしたのである。

現在の私たちの常識は，いつまで通用するのだろうか？

不安な点も多いが，それだけに，私たちは，表層的な理解に終わることなく，本質的な理解にまで深める必要があり，改めて総合的な情報学の学習（情報学修）の必要性を実感するものである。

2) 道路交通と情報通信における安全

表2は，以上の結果を踏まえて，車社会と情報社会を対比させてわかりやすくまとめたものである。交通安全と情報安全を比較すればわかるように，交通モラルが交通安全（教育）の中に含まれるように，情報モラルも情報安全（教育）の中に位置づけるのが妥当と考えられる。

社会の急激な情報化により，種々の問題が浮き彫りになっている昨今において，情報安全は，情報の社会化に対応して，文理融合による総合的な情報学をベースに，ソーシャルメディア社会における安全を積極的に取り入れた新しい体系が求められる。

情報安全とは，情報モラルと混同されやすい概念であるが，結局のところ，情報モラルやルール・マナーなどを含んだ上位概念として位置づけられるのが妥当である。

表2　車社会と情報社会

社会	車社会（リアル社会）	情報社会（バーチャル社会）
対象	自動車，バス，トラックなど	コンピュータ，ネットワークなど
手段	移動・物流（道路・交通）	通信・情報流（情報通信）
起源	世界で最初の自動車 ・1886　カール・ベンツ ・1886　ゴットリープ・ダイムラー 120年以上の歴史	世界で最初のコンピュータ ・1939　ABC　　アナタソフら ・1946　ENIAC　モークリーら ・1949　EDSAC　ウィルクスら 自動車に比して半分程度の歴史
安全	交通安全（交通社会の安全） ・交通モラル ・交通マナー ・交通法規	情報安全（情報社会の安全） ・情報モラル ・情報マナー ・情報法規

自動車の普及により道路交通における安全が社会問題となる中で，交通安全への取り組みが行われてきている。車社会としての長い歴史の中で，学校教育における取り組み，一般社会における推進などの他に，自動車や交通環境における技術的な革新が大きく貢献している。このように多方面からの積極的な取り組みが奏功し，結果として深刻な交通事故の低減に寄与しているのである。

　一方，コンピュータの歴史は自動車の半分程度で，技術者のみならず一般庶民を対象とした情報安全という考え方は，残念ながらまだ十分とはいえない状況である。現在のところ，ようやく情報モラルの教育に関心が高まり，教材開発が少し進んだところといえよう。しかしながら，多くの課題が山積しているのである。

　筆者は，以上のことから，情報安全教育を情報モラル教育の上位概念として位置づけ，情報モラル教育だけではく，ルールとマナー，法遵守，などの内容を積極的に取り込むことで，情報に関する安全については，倫理・人権・社会・経済などを視野に入れることを指摘しておきたい（**表3**）。

表3　情報安全の視野

項目	説明
情報倫理とモラル	情報倫理や情報モラル（道徳）について
情報人権とイクイティ	情報人権や情報的平等性について
情報社会とコミュニティ	情報の社会化やコミュニティの特徴について
情報経済とビジネス	情報に関する経済や新ビジネスモデルについて
情報法規とコンプライアンス	情報に関する法規やその遵守について
情報健康とダイナミズム	情報に関する健康や活力について
情報開示とデモクラシー	情報に関する開示や秘匿性，民主的思考について

参考文献

(1) D. ナイ著／川上顕治郎訳：ベンツと自動車，玉川大学出版部，1997.
(2) C. R. モレンホフ著／最相力・松本泰男共訳：ENIAC神話の崩れた日，工業調査会，1994.
(3) 星野力：誰がどうやってコンピュータを創ったのか？，共立出版，1995.

5-3 情報倫理とモラル

　学校教育にかかわっていると，情報モラルという言葉は頻繁に使用されるようになった。ところで，同様によく耳にする言葉に情報倫理というのもある。さらには，「情報社会のルールとマナー」，「インターネットにおけるエチケット」という言葉も見受けられる。このような用語の比較検討は，情報教育を適切に進める上で重要であると考え，筆者は，以前に考察して解説として記述したことがある[1]。ここでは，それを少し紹介するとともに，新しい視点も取り入れて，改めて考えることにしよう。

　一般的には，「モラル（moral）」は「道徳」を意味するから，「情報モラル」を漢字で表現すれば「情報道徳」となるだろう。したがって，「情報モラル」と「情報倫理」を比較するには，まず，「道徳」と「倫理」の比較から始める必要がある。

・道徳と倫理の共通点

　まず，「道徳」と「倫理」の共通点について考察しよう。表1は，広辞苑，哲学辞典による「道徳」と「倫理」の記述を抜粋したものである。

表1　道徳と倫理

	道徳	倫理
広辞苑 （※1）	①或る社会で，その成員の社会に対する，或いは，成員相互間の行為を規制するものとして，一般に承認されている規範の総体。法律のような外面的強制力を伴うものではなく，個人の内面的なもの。②老子の説いた恬淡虚無の学。	①人倫の道。実際道徳の規範となる原理。道徳。②倫理学の略。「倫理学」は次の通りである。（ethics に井上哲次郎があてた訳語）道徳の起源・発達・本質・規範について研究する学問。論理学（または認識論）・美学とならぶ哲学の三大部門の一とされている。
哲学辞典 （※2）	社会的意識の一形態としてあらわれ，人びとの相互の，また社会にたいする各人の，なすべき義務を規定して，共同生活における人びとの行為の基準（善悪・正義不正義など）を指示する。（以下略）	「倫理」という項目はない。 「倫理学」は次の通りである。人間生活の望ましい状態・善悪について考察し，行為の規則をたて，努力するに値するものは何か，生活の意味とは何かなどを明らかにするとともに，道徳なるものの起源，道徳の規則をたてる法則，その歴史的性格などを研究する学問。

※1：新村出編：「広辞苑」第二版補訂版第六刷，岩波書店，1981．
※2：「哲学辞典」増補版，青木書店，1975．

これらを比較すると，道徳も倫理も規範であるという点では共通し，いずれもこの概念を中心としている点でほぼ同じ概念であることがわかる。また，教育学大事典[2]によれば，道徳の字義として，「道」は，人間の歩く通路を意味するところから，人間の守るべき秩序を意味し，「徳」は，この秩序が頭の中でわかっているだけではなく，容易に実行できるまでに身についていることを意味する。また，倫理の「倫」は，「なかま」と「なかまでいられるための秩序」の意味をこの1字だけでもち，「理」は，「すじみち」の意味であるから，倫理は「人間の生活を成り立たせる秩序」の意味とされる。「道徳」も「倫理」も字義は異なるが，人間生活を成立させるための秩序を意味する上で共通するのである。一方，教育事典[3]には，道徳を倫理・人倫などと並べると字面が違って見えるが，本来の意味にそれほどの違いはないとしている。「道」が「理」，「徳」が「倫」であれ「道徳」すなわち「倫理」ということになるとしている。

・**道徳と倫理の相違点**

　「道徳」と「倫理」の意味の相違点についても**表1**を参照いただきたい。いずれの辞書においても，「道徳」と「倫理」の意味の違いを詳しく表現してくれてはいるが，庶民的な私にとっては，このような説明では「まだまだわかり難い」といいたい。ほぼ同じであるというだけなら簡単であるが，全く同じでない以上どこかに違いがあるはずである。その違いを（哲学的には必ずしも正しくないかもしれないが）私のような一般人に対してもわかりやすく表現することはできないのだろうか？

　ここでは，「道徳」と「倫理」の違いをわかりやすく表現するという難解な問題に挑戦したい。このことができれば，当初の目的であった「情報モラル」と「情報倫理」の意味の違いも容易に説明できるようになるだろう。もしかしたら，いままで，哲学者も教育学者も手をつけなかった問題にぶつかっているのかもしれない。

・**「道徳」概念に与える「道徳教育」の影響**

　「道徳」が小学校や中学校の教育課程にあるので，私たちは，「道徳」といえば，小学校や中学校の時代に受けた道徳教育からその概念を明確化しようと努める傾向がある。そのため，「道徳」の概念は，知らないうちに，「道徳教育」の影響を受けたものとなっているのである。広辞苑には，道徳教育とは，「道徳性を涵養するための教育。国家社会の成員として必要な人間教育の面を取り出して強調する

もの。徳育。」とある。このことからも「道徳」は，より行為指向であるといえる。

・「倫理」概念に与える「倫理学」の影響

「倫理」は，高等学校の教科「公民」の科目として「倫理」があるので，これを学習したものにとって，「倫理」という概念は，この影響を受けたものになっているだろう。また，広辞苑にもあったように，「倫理」は，「倫理学」の略として用いられることも多く，「倫理」の概念には，「倫理学」の概念も強く残っている。また，倫理コード（code of ethics）というように秩序を守るための規則を示す場合もある。

・「道徳」と「倫理」の概念の図式化

「道徳」も「倫理」も規範や秩序の点で共通する。その規範が個人の内面にどの程度内在するかという点は，「徳」に関係する。また，規範の原理を理解することはそれを守る上で重要な知識になり得る。このような考えから，「道徳」を「道」と「徳」に分け，また，「倫理」も「倫」と「理」に分けて，それらを象徴する概念を整理して，図式で表現すれば，図1のようになる。

さらに，理解しやすくするために，言葉で表現すれば，「道徳」も「倫理」も規範や秩序の点で共通するが，「道徳」はより行為指向であり，「倫理」はより知識指向であるといえる。

行為指向 →

	道徳		
（希薄）	道	徳	
規範の原理	規範 行為の基準 秩序	規範が個人に内在している	頭の中でわかっているだけではなく，容易に実行できるまでに身についている
理		倫	（希薄）
	倫理		

← 知識指向

図1　道徳と倫理の概念比較

・「情報モラル」と「情報倫理」

「情報モラル」という語は，教育分野ではよく出てくるものである。臨時教育審議会の「教育改革に関する第三次答申」（1987）で，「情報モラルの確立」が述べられ，「情報教育に関する手引き（文部省）」[4]には，第4章第5節2において「情報化の影の部分と情報モラル」という項目があり，情報社会のルールと

もいうべき「情報モラル」を早急に確立する必要があるとしている。また，中学校「技術・家庭」科や高等学校「情報」科の学習指導要領解説にも「情報モラル」に関する記述がある。これは，中央教育審議会第一次答申（1996）を踏まえ，平成9年（1997年）10月に，情報化の進展に対応した初等中等教育における情報教育の推進に関する調査研究協力者会議の第1次報告「体系的な情報教育の実施に向けて」において情報教育を体系的に示した提言がある。これによると，情報教育の目標は，「情報活用の実践力」，「情報の科学的な理解」，「情報社会に参画する態度」の3つの観点に整理されているが，「情報社会に参画する態度」については，「社会生活の中で情報や情報技術が果たしている役割や及ぼしている影響を理解し，**情報モラル**の必要性や情報に対する責任について考え，望ましい情報社会の創造に参画しようとする態度」とある。高等学校学習指導要領解説情報編では，「情報モラル」を，「情報社会で適正な活動を行うための基になる考え方と態度」と捉えることとすると定義されている。一方，「情報倫理」という語は，上記の文献には見当たらないが，情報教育に関する学会の論文では，頻繁にみられるものである。

　以上のことを総合して，「情報モラル」は，行為指向・行動指向・態度指向であり，「情報倫理」は，知識指向・理論指向・原理指向とまとめることができる。

注1. 学習指導要領関係については，高等学校にて情報教育は本格的に始まった頃を重点的に調査対象とした。：小学校学習指導要領（文部省，平成元年3月），中学校学習指導要領（文部省，平成元年3月），高等学校学習指導要領解説（文部省，平成元年12月），小学校学習指導要領解説総則編（文部省，平成11年5月），中学校学習指導要領（文部省，平成11年12月），高等学校学習指導要領解説情報編（文部省，平成12年3月）

注2. 情報倫理学研究資料集Ⅰがあげられる。日本学術振興会「未来開拓学術研究推進事業」「情報倫理の構築」プロジェクト，京都大学文学研究科，広島大学文学部，千葉大学文学部，1999．

参考文献

(1) 松原伸一：ディジタル社会の情報教育〜情報教育を志す人のために〜，開隆堂，2002．

(2) 細谷俊夫，奥田真丈，河野重男編集：「教育学大事典」初版，第一法規，1978．

(3) 相賀徹夫編集発行：「教育事典」第六版，小学館，1969．

(4) 文部省：情報教育に関する手引き，平成3年7月，1991．

5-4 情報人権とイクイティ

1) 情報安全と情報人権

　情報人権という用語は，まだ定着していないかも知れない。これは，筆者が「情報のモラルと安全」についてまとめている中で，情報安全とともに発想し，並行して位置づけているものである[1]。しかし，これは人権の専門的な研究を指向するものではなく，教育における内容学研究として「文理融合の総合的な情報学」(情報学修) を構想する中で成立したものである。

　情報通信技術（ICT）の革新により，「社会の情報化」が飛躍的に進み，その結果として私たちの日常的な生活の中において，「情報の社会化」という現象が同時に進行している。

　つまり，SNS（Social Networking Service）に象徴されるように，個人が日常的に発信する情報は，"もはや個人や少数グループだけのもの"ではなく，"広く社会にて共有されるもの"となっているからである。情報通信ネットワークの発展・普及により，各種のメディアが自らの特徴をより強固なものへと変貌させ，社会に多大な影響を及ぼすようになってきている。そしてメディアは，いわゆるソーシャルメディアとしての機能を発揮して，その影響が人権にまで及ぶような事件・事故が多発する現状を生み出しているのである。

　このような現象に際して，筆者は，情報安全だけでなく，情報人権という考え方をベースに置いて対応することが重要であると考えている。

　言い換えれば，教育活動における情報人権は，情報安全とともに重要な学習項目として位置づけることにより，筆者の提案する"情報学修"の体系を構成し，教育への反映が求められている。

```
社会の情報化            情報の社会化
    ：                      ：
    ：                      ：
   ICT                  情報メディア
    ↓                      ↓
モバイル機器               SNS
ユビキタス社会        ソーシャルメディア
    ↓                      ↓
  （影響）                （影響）
           ↓         ↓
         「情報学修」
       情報安全と情報人権
```

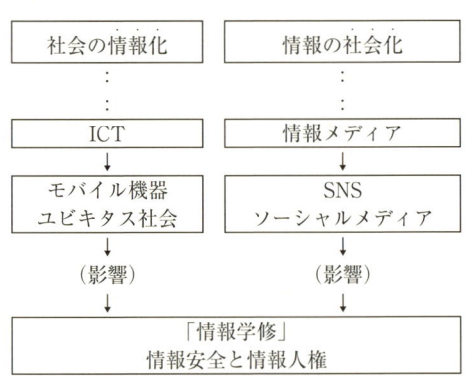

図1　情報安全と情報人権への影響

2) 情報人権の基本的な考え方

まず，人権について簡単に考察してみよう。表1は，各種の事典（辞典）にて確認する中で，重要と思われるものについて記載したものである。

表1 人権（基本的人権）について

各事典（辞典）	説明
教育学大事典[注1]	人権とは，言うまでも無く，人間が人間として本来的にもっている権利のことで，基本権ともいわれる。
現代教育用語辞典[注2]	基本的人権とは，「人間である以上，性，能力，身分，階級・貧富その他の社会的地位等のいかんを問わず平等に有する権利。人権（human rights＜英＞, droits de l'homme＜仏＞）または基本権と（Grundrechte＜独＞）ともいうが，市民権（droits de citoyen＜仏＞）をも含意することが多い。
現代社会学事典[注3]	人権とは，人間が社会的生活を営んでいくに際して欠かすことのできない基本的な条件を充足するにあたり重要な役割を果たすと考えられる一連の基本的な権利群のこと。

また，教育学事典[注4]によれば，1948年に世界人権宣言（Universal Declaration of Human Rights）が国際連合総会にて採択されている。全ての人民と全ての国が達成すべき基本的人権についての宣言で，「すべての人間は，生れながらにして自由であり，かつ，尊厳と権利とについて平等である。（第1条）」ということである。その内容は，自由権，参政権，社会権のほか，一般規定に関するもので構成される。ここで，自由権とは，国家から制約や強制を受けずに，自由に物事を考え自由に行動できる権利のことで，経済的自由，精神的自由，身体の自由に大別される。また，参政権は，政治に参加する権利で，公務就任権，罷免権，直接請求権，国民投票権，住民投票権，国民審査権などが含まれる。さらに，社会権とは，社会を生きていく上で人間が人間らしく生きるための権利である。

以上のことを参考に簡単にまとめれば，人権（human rights）とは，人が人として生活する上で欠くことのできない基本的な権利であり，自由権，参政権，社会権などを含み，市民権（citizenship）まで広げて考えられる場合も少なくない。その結果として，期待されるものは「平等（イコリティ；equality）」である。

それでは次に情報人権とはどのように考えれば良いのだろうか？

そこで，まず，我々が活動する空間を，①従来の現実社会にみられるような物理的な空間（現実空間）と，②インターネットに代表されるようにネットワーク

上に形成される情報空間（仮想空間）の2つに分類すると情報人権を明確にすることができるだろう。すなわち，「情報人権とは，仮想空間に依拠する人権」と考えることができる。その際に，特に達成したい目標は，「公平（イクイティ；equity）」とすればわかりやすいだろう。

表2　人権と情報人権

	人権（human rights）	情報人権（virtual rights）
空間	現実社会の物理空間	ネット社会の仮想空間
権利	現実社会において，人が人として生活する上で欠くことのできない基本的な権利	ネット社会において，ユーザがユーザとして活動する上で欠くことのできない基本的な権利
特に重要とする主な達成目標	平等（イコリティ；equality）	公平（イクイティ；equity）

3) 情報のイクイティ

情報のイクイティ（公平）については，仮想空間における公平性のことであり，情報人権を守るということと同義である。ところで，筆者の考える仮想空間における問題とは，次の3つに分類できる。

①仮想空間の利用条件に関する問題

これは，仮想空間の利用がどのような条件や環境で行うことができているかというもので，概ね，ディジタルデバイド（情報格差）と呼ばれるものが該当する。

これは，それぞれのユーザ間において，仮想空間の利用条件に制限や限界を生じ，情報手段の違いから活用できる情報量に差が生じることをいう。したがって，簡単にいえば，インターネットやパソコン等のICTを利用したメディアを十分に活用できたり，できなかったりして，それぞれのユーザ間に生じる情報格差である。

また，格差の生じる要因としては，国・地域・都市規模などの地理的要因，年齢・性などの身体的要因，学歴・職歴などの履歴的要因，財産・年収などの経済的要因，ICTに関する教養（知識）・技術などの教育的要因，など多くの種類が考えられる。他にも，情報格差の生じる側面として，情報手段の格差，通信手段の格差，情報資源の格差を取り上げることもできる。いずれの場合でも，仮想空

間の利用条件に関する問題として分類できる。

②仮想空間の利用状況に関する問題

　これは，筆者が最も重点化したいもので，仮想空間の利用者間で生じる各種の多くの問題が含まれる。例えば，誹謗中傷[注5]，流言飛語などのように，ユーザの尊厳を傷つけるようなものや，肖像権やプライバシー権のような基本権を侵害するようなものまで含まれる。他に，関係する問題としては，個人情報の流出，プライバシーの問題，肖像権，表現の自由，バリアフリー・ユニバーサルデザイン・アクセシビリティ，著作権や特許権などの知的財産権，など多方面に渡る。

③仮想空間の利用内外における問題

　これは，「ネット社会の仮想空間」と「現実社会の物理空間」を行き来する中で見受けられる問題で，その主なものは，ネット依存や引き籠もり，サイトへの集中アクセス等による攻撃，ウィルス等の感染による他人の情報機器の遠隔操作，など，多種多様な問題をあげることができる。また，①や②で生じた問題を解決する場合に，現実社会の法やモラル・マナーなど，広く倫理的，道徳的，かつ教育的な対応（措置）により，行動規範の効果的な変容を期待することも多い。

注1．細谷俊夫，奥田真丈，河野重男編集（1978）教育学大事典，第一法規．
注2．天城勲，奥田真丈，吉本二郎編集（1973）現代教育用語辞典，第一法規．
注3．大澤真幸，吉見俊哉，鷲田精一（2013）現代社会学事典，弘文堂．
注4．相賀徹夫編（1966）教育学事典，小学館．
注5．誹謗中傷について：もともと，誹謗とは根拠の有無に関係なく他人を誹る（謗る）ことで，中傷とは根拠なく悪口をいうことである。いつのまにか誹謗中傷というように，四字熟語のように表現されるようになった。類似した語を連続して組み合わせて表現する手法は，古くからあり，例を示せば，教育界では，教材教具，教授学習，施設設備，法令法規，…，など多数ある。法的には誹謗中傷そのものよりも，その結果により，名誉毀損，侮辱，信用毀損，業務妨害として罪に問われることとなる。

参考文献
(1) 松原伸一：情報科教育のカリキュラムとその学習支援環境，情報学教育研究会，2012．

5-5 情報社会とコミュニティ

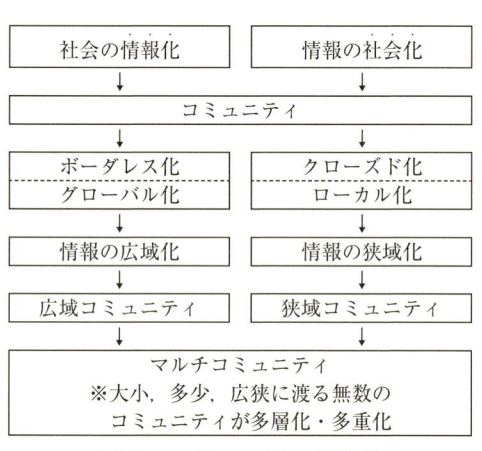

1） コミュニティの広域化・狭域化

　社会の情報化に伴い，情報の世界では国境が無くなりボーダレスといわれることが多い。確かにインターネットの普及は，世界中の人の目に触れる機会を増進させ，Web サイトやブログなどの影響が日々大きくなってきている。さらに，高速なモバイル通信環境の拡充により，スマートフォンなどのタブレット型携帯端末が世界的に急速に普及し，SNS などのソーシャルメディアの利用が日常的なものとなっている[1]。しかし，社会の情報化は，情報の社会化をも伴って，前述のように，"ボーダレスでグローバルな" コミュニティと，同時に，"クローズドでローカルな" コミュニティの形成にも寄与している。

　ソーシャルメディア社会では，従来の国際化・地域化の流れを加速させ，バーチャルな環境を活用した「情報の広域化」と「情報の狭域化」が同時に進行し，新しいコミュニティの形成にも貢献している。

　一人の人間が関与するコミュニティは，情報を発信したり受信したりする対象ごとに，無数に形成され，それらが互いに多層化・多重化の状況にあるといって良いだろう。その際，大規模から小規模まで，多数から少数まで，広域から狭域までの多種多様で無数のコミュニティが影響し合うことになる。筆者はこのような状況を踏まえ，コミュニティを広域コミュニティと狭域コミュニティの2つに大別している（図1）。

　広域コミュニティとは，居住する地域に依存せず，場合によっては，仕事などの公的な関係や，家庭や趣味などの私的な関係を超え，さらには性別・年齢など各人が有する各種の属性を超えて形成されることがある。

図1　コミュニティの変化

一方，狭域コミュニティとは，何かの制限が自然に（或いは意図的に）生じ，一定の目的・目標を達成するためのモチベーションが成立する場合が多い。

2) 地域社会のコミュニティとモチベーション

地域社会では，その地域の住民が生活を営む中で，住民相互の交流が行われ，そこに形成されるのが地域コミュニティである。したがって，多くの場合，地域の住民がその生活環境にこだわりながら，各種の活動が行われる。

ソーシャルメディア社会では，このような従来型のコミュニティに加えて，情報の狭域化による特徴を備えた新しいコミュニティ（狭域コミュニティ）が形成される（図2）。

ここでは，従来型の地域コミュニティだけではなく，その情報交流の基盤をインターネット等のICTだけでなく，ソーシャルメディアを積極的に活用して形成されるローカルなコミュニティに着目したい。

ソーシャルメディアは，人間性を回復して生き生きとした自律型のコミュニティをつくる基盤であり，人々のニーズをローカルに情報化（情報の狭域化）することで，各種のモチベーションが成立するのである。その例を示せば，下記の通りとなる（図3）。

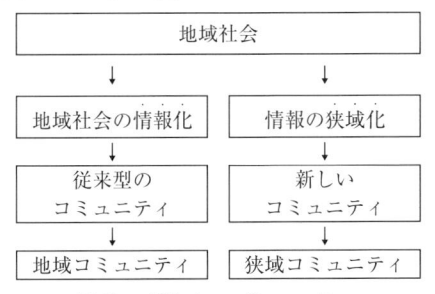

図2　新しいコミュニティ

モチベーションの例
- 集合知を活用した情報共有による地域の活性化
- 地域産業や地域文化を伴った「村起こし」や「町起こし」
- ボランティアによる地域への貢献
- 災害・復興への情報支援
- 地域住民の新たな課題の創出と協働による問題解決
- ソーシャルメディア社会の地域化による観光資源の創出

図3　情報の狭域化によるモチベーションの例

- 集合知を活用した情報共有による地域の活性化
- 地域産業や地域文化を伴った「村起こし」や「町起こし」
- ボランティアによる地域への貢献
- 災害・復興への情報支援
- 地域住民の新たな課題の創出と協働による問題解決
- ソーシャルメディア社会の地域化による観光資源の創出

3） コミュニティの種類と機能・影響

　コミュニティは，常に多層的で相対的である。すなわち，その特徴が，動に対して静，大に対して小，量に対して質，…，のように幅をもち，また，現実に対して仮想，広域に対して狭域，集団に対して個人，…，のように常に両面をもつ。しかし，その両面は，固定的なものではなく相対的で多重的である。

	相対的		
多重的	動	⇔	静
	大	⇔	小
	量	⇔	質
	:		:
	現実	⇔	仮想
	:		:
	広域	⇔	狭域
	集団	⇔	個人
	:		:

図4　マルチコミュニティ

　このように，相対的な特徴をもつ各種コミュニティが多重化した構造として捉えて，その特徴を明確にするために，筆者はこれを「マルチコミュニティ」と呼んでいる。

　集団においては，いうまでもなく，国・自治体などの行政，学校・学習塾などの教育界，運輸・物流などの業界，製造などの産業界，情報通信などIT業界，その他の業界・協議会・協会など多様である。

　また，個人においては，ゲームプレーヤ（協働作業），読者（読書感想），旅行者（郷土料理，B級グルメ），消費者（商品評価），学習者（質問と助言，解答）など，生活者としての各種の側面をもち，それぞれにおいてコミュニティが成立する。

　特に，狭域におけるコミュニティでは，匿名性が確保されないばかりか，実社会とのつながりが強固な場合が多く，物理空間と仮想空間が常に影響し合う関係にあり，対人関係において問題を生じることが多い。つまり，児童・生徒・学生にとっては，クラス，クラブ，ゼミ，サークルなどの友人との情報交流において，その便利さからソーシャルメディアが利用されたり，或いは，社会人にとっては，職場，クライアント，業界などで利用されたり，さらには，趣味やボランティア，地域貢献など多くの活動の中で利用されている。

　現実社会との営みと常に連結しているため，仲間外し，無視，誹謗中傷などのいじめが発生し，情報漏洩やデマを生じて，現実社会における暴力の原因となることが心配である。

　いずれにしても，新しいテクノロジーを利用することは，可能性を広げる上で重要な場合も多く，積極的な活用とともに，情報安全・情報人権に関する知識や資質・能力を備えることが重要である。

4) 友だち概念の変化

　ソーシャルメディアにて形成されるマルチコミュニティでは，新しい「友だち概念」が成立している。友だちとは，本来，互いに心を許しあって対等に交流できる関係で，共に遊んだり，議論したり，連絡を取り合ったりして，互いに関心をもちあう関係と理解している。しかし，ソーシャルメディアの普及により，人と人とのコミュニケーション手段が変化する中で，多様な友だちが形成されることになったのである。例えば，個人Aの属性として，氏名，年齢，性別，経歴，…を考える時，自身の情報をネット上に公開することにより，多くの人の目に触れることになり，結果として多くの人々との交流を促す機動力を生むことになる。限られた交流手段しかない場合は，友だちも実生活の中での範囲にとどまることが多いが，制限のない通信手段による場合は，友だちの数も飛躍的に拡大し，100人や200人は当たり前で，1,000人を超える場合も少ない状況を迎えている。結局，氏名では同姓または同名という関係から友だちができたり，年齢からは同世代という関係，性別からは同姓，経歴からは，同じ高校や大学といったように，幾つもの共通点があり，個人の属性が増えれば増えるほど飛躍的に拡大するものである。小学校当時の幼馴染から連絡があれば，時間を惜しまず昔話に花が咲くかもしれない。ランドセルを背負って毎日通った道にあった空き地に，40階建てのマンションが建っていて，皆で遊んだ小さな池は，埋め立てられて公園になっていると聞いたら，純情無垢な少年少女の時代を思い出し，大人の社会に生きる大人の現在と比較して，過去への郷愁の思いが湧き立つかも知れない。真面目な性格であればなおさら，そのような友だちとの情報交流を大切にしたいと考えるに違いない。しかし，それが，10人20人と増え続ければ，1日に24時間しかない現実において破綻を生じることになるだろう。

　ところで，「一年生になったら，ともだち100人できるかな」という歌をご存じだろうか？　これは，「やぎさんゆうびん」（白ヤギさんと黒ヤギさんの手紙のやり取り）や，「ふしぎなポケット」（叩くたびに増えるビスケット）などで有名な作詞家，まど・みちお氏（1909-2014）の作品である。彼のユーモアあふれる作品は，何か忘れてはいけないものがあることを暗示しているようである。

参考文献
(1) 松下慶太：デジタル・ネイティブとソーシャルメディア，教育評論社，2012.

5-6 情報経済とビジネス

1） 物流と情報流

物流とは，物資の流通（Physical Distribution）と考えれば，工業・生産分野では，生産物を生産者から消費者に移動させたり，生産者に必要な材料を引き渡したりすることであるが，私たちの日常生活において，物流の主流は，宅配（Home Delivery）である。

```
物流
・物資の流通（Physical Distribution）
・宅配（Home Delivery）

情報流
・情報の流通（Information Delivery）
・インターネット（Internet）
```

図1　物流と情報流

また，情報流とは，情報の流通（Information Delivery）と考えれば，ディジタル通信・産業分野では，ディジタル化されたコンテンツをネットワーク等の情報手段を用いて流通させることであるが，私たちの情報環境では，情報流（Information flow）の主流は，インターネットである。

インターネットと宅配を組み合せるビジネスでは，インターネットショッピングやインターネットオークションなどがある。これらについては，既に多彩なサービスが見受けられるので，ここでは割愛したい。

一方，情報の経済として，インターネットで全てを完結させ，宅配を必要としないビジネスは，超流通（Superdistribution）といわれる。これは，完全なディジタル環境の実現の際に期待されるもので，出版物や音楽，映像・画像など著作権で保護される知的財産に対して，例えば，それらのディジタルコンテンツを無料で流通させて，ユーザが利用した分だけを計測し課金するというもので，DRM（Digital Rights Management）の標準化や普及，関連する法の整備など幾つもの課題がある。ここで，DRMとは，ディジタルコンテンツの著作権を保護するための，不正コピーの防止，コンテンツの暗号化や復号，ユーザ認証，課金などの技術のことである。また，特定のユーザにコンテンツを提供するだけではなく，利用の回数や時間などの制限も含まれる。

いずれにしても，これからは商取引とその決済が電子化されることが前提であり，これらの知識は現在人の基礎的な必須事項（リテラシー）となりつつある。

2) 価値の創造 －情報学的価値－

　情報と価値に関しては，種々の研究[1]がある。ここでは，欲しくなる，買いたくなる，手に入れたくなる，という衝動を生むものに価値があると考えればわかりやすいかもしれない。その際の価値とは，市場としての経済的価値といえる。一方，知的財産権に視野を移せば，この価値とは，法的な根拠として権利により担保された価値と考えることもできる。すなわち，著書や音楽などの著作権や，発明などに関する特許権などがそれである。

　ところで，ソーシャルメディア社会において，交流する情報の中で成立する価値とはどのようなものであろうか。筆者はこのようにして整理された価値を情報学的価値（図2）と呼んでいる。価値を整理して示すことにより，その価値を欠損する行為が想定され，結果として危険回避，安全・安心への対策等に際して，行動を起こすことができるようになるのである。この考えを背景にして，価値という概念を情報学的な視点で整理したい。その際に想起される情報学的価値とは，

- ・欲しいという所有の権利を受けるための<u>独占的価値</u>，だけではなく，
- ・借用したいという使用の権利を受けるための<u>利用的価値</u>，
- ・見たい・聞きたいという感覚情報を受けるための<u>視聴覚的価値</u>，
- ・時間を費やしたいというサービスを受けるための<u>時間的価値</u>，
- ・皆から尊敬されたいという名誉を受けるための<u>尊厳的価値</u>，
- ・人に施したいという付託を受けるための<u>福祉的価値</u>，

などのように多岐にわたり，互いに排他的関係を維持しないが，いずれも経済的価値につながっていると筆者は考えている。

　以上のように，価値の創造が重要であることはいうまでもないが，もっと重要なのは，価値を創造する仕組みを作ることであろう。ソーシャルメディア社会における価値とは，その仕組みそのものであるといって良いだろう。

情報学的価値

- ・<u>独占的価値</u>
　欲しいという所有の権利を受けるもの
- ・<u>利用的価値</u>
　借用したいという使用の権利を受けるもの
- ・<u>視聴覚的価値</u>
　見たい・聞きたいという感覚情報を受けるもの
- ・<u>時間的価値</u>
　時間を費やしたいというサービスを受けるもの
- ・<u>尊厳的価値</u>
　皆から尊敬されたいという名誉を受けるもの
- ・<u>福祉的価値</u>
　人に施したいという付託を受けるもの

など

図2　情報学的価値

3） 電子商取引と電子決済

　決済を受けもつのは，お金（マネー）である。各国の政府が発行・管理する通貨はいうまでもなく信用を付された通貨で，我が国の場合は，円（¥，Yen）である。ソーシャルメディア社会では，国が発行・管理する通貨ではないが，その一部の機能を有すると考えられるものに，電子マネー（Electronic Money）がある。

　電子マネーとは，情報通信技術をベースに企業から提供される電子決済サービスの1つで，電子的なデータによって行われるため，通貨に似ているが，種々の点で特異性を有する。電子マネーを分類するのは困難であるが，一応，次のような分類を行い，考察を施すことにしよう。

電子マネー

・仮想通貨
　ネットワーク上で機能する貨幣価値のこと

・オフライン型マネー
　プリペイドカードで，磁気カードとICカードがある。磁気カードとしては，図書カードなどがあり，ICカードでは，鉄道系のカード，流通系のカード，銀行系のカードなどがある。

・オンライン型マネー
　金融機関等のコンピュータと小売店等を結ぶオンライン決済。

図3　電子マネー

・仮想通貨

　仮想通貨とは，ネットワーク上で機能する貨幣価値を有するもので，ゲームなどの特定のサービスの中で貨幣価値をもつものである。

　しかしながら，政府が発行・管理する通貨ではないため，幾つかの制限があることが多い。特に，現金化して広くユーザ間同士の取引などの場合は，通貨に限りなく近い存在になるので，各種の支障を生じることにもなるので，各国の法令に遵守する必要がある。

・オフライン型マネー

　金銭にて購入した価値を電子化したもので，いわゆるプリペイドカードで，磁気カードやICカードがある。磁気カードでは，図書カード，Quoカードなどがある。ICカードでは，スイカ，イコカなどの鉄道系カード，ワオン，ナナコなどの流通系カード，エディなどの銀行系カード，…，などがある。

・オンライン型マネー

　金融機関等のコンピュータと小売店等を結びオンラインで行う決済である。クレジットカードと似ているが，信用取引ではなく利用者の預金を対象にした直接決済である。

4） 経済活動における信用情報とブラックリスト

　私たちが経済活動を行う中で，契約を行うことがある。その際には，信用調査を行ってからの契約成立となる場合が多い。

・信用情報

　携帯電話・スマートフォンの利用料金を滞納した場合，その回線電話等のサービスを利用できなくなるだけでなく，一定期間内に支払いない場合は，強制的に解約となり，完済するまで他の携帯電話会社の利用もできない。その理由は，いわゆる「ブラックリスト」と呼ばれる信用情報（不払い情報）が業者間で共有されているためである。また，多くの場合，毎月の支払いには，回線等の利用料だけでなく，携帯電話やスマートフォン等の機器料金の割賦契約となっているので，通信料の滞納だけではなく，一般の割賦販売と同じ扱いを受けることになり，広い範囲で信用情報に傷がつき，経済活動に支障が生じることになる。その他には，迷惑メール送信者の情報交換もある。これは「特定電子メールの送信の適正化等に関する法律」違反によるもので，利用停止措置を受けた加入者の情報を事業者等の間で交換するものである。

不払い情報の交換

概略
　契約解除後に，料金不払いがある場合，その情報を事業者間で交換し，契約申し込み受付時の加入審査に活用することにより，料金不払いの再発を防止する。

交換の期間
　契約解除後 5 年以内

交換情報の内容
　氏名，生年月日，性別，住所，契約解除前の携帯電話・PHS の電話番号等，連絡先電話番号，料金不払いの状況

※一般社団法人 電気通信事業者協会

図 4　不払い情報の交換

・ブラックリストに関する事例

　大学 1 年の時に，スマートフォンの契約を済ませ，半年後に滞納して，強制的に解約された場合，ブラックリストに載せられ，5 年間は消えない。したがって，卒業後に社会人になって，家電などの購入しようとして割賦契約を使用としても，信用調査に引っかかり，購入できないことがあるので，注意を要する。

参考文献

(1) 例えば，以下のような文献を参照されたい。
　・米山優：情報学の展開，昭和堂，2011．
　・仁木直人：基礎情報学，培風館，2009．

5-7 情報法規とコンプライアンス

1） 情報に関する法規

　情報に関する法規は，個人情報に関するもの，情報処理の促進に関するもの，知的財産権に関するもの，情報の秘匿に関するもの，情報の公開に関するものなど多様である。また，情報環境における活動によっては，各種権利の侵害とともに，名誉毀損や業務妨害などといった民事・刑事などへの影響も考えられる。特に，初等中等教育の一貫した教育の中で，重要と思われるものは，知的財産権の中でも著作権であろう。その他には，個人情報やプライバシーに関係するものがある。

・著作権

　学校における情報モラル教育の中で重要とされるものに著作権がある。著作権や情報モラル教育の詳細については，専門書[1]に委ねたい。

　著作権とは，複製権，上演権，演奏権，上映権，公衆送信権，口述権，展示権，頒布権，譲渡権，貸与権，翻訳権，翻案権などの権利の束といわれ，他に，実演，レコード，放送，有線放送の保護としての著作隣接権も関係する。また，著作者の公表権，氏名表示権，同一性保持権といった著作者人格権は人格権である。

【知的財産権】
著作権
①著作権
　複製権，上演権，演奏権，上映権，公衆送信権，口述権，展示権，頒布権，譲渡権，貸与権，翻訳権，翻案権
②著作隣接権
　実演，レコード，放送，有線放送の保護
産業財産権
①特許権
　特許権者に発明を実施する権利を与え，発明を保護
②実用新案権
　物品の形状等に係る考案を保護
③意匠権
　工業デザインを保護
④商標権
　商標に化体した業務上の信用力（ブランド）を保護
その他の権利
　肖像権，商号権など

図1　知的財産権

【他に関連するものとして】
著作者人格権
　著作者の公表権，氏名表示権，同一性保持権
プライバシー権
　私生活上の事柄をみだりに公開されない法的な保障と権利
知る権利
忘れられる権利

図2　他の重要な権利

・プライバシー権と肖像権

　プライバシー権とは，私生活上の事柄をみだりに公開されない法的な保障と権利である。また，肖像権とは，肖像（人の姿・形及びその画像など）がもつ人権のことで，人格権と財産権に大別される。

2） 権利の再考として

・著作権の教育に際して

　著作権は，重力のように自然に作用するものではない。人間が長い営みの中で考え出した"智恵"であり，各国の事情に応じてそれぞれの価値観にて成立した法律群によって形成されている。法であるがゆえに守ることが求められ，この点では一寸の揺らぎもない。しかしながら，各国間に生じる経済摩擦のように，競争的環境の中では，各国間の差を縮め，権利を公平にする観点から，しばしば，法改正に至ることも多い。新しい情報環境の出現により今までにない新しいサービスが生まれるとともに，私たちの生活習慣や興味・関心も変化し，法の合間を巧みに利用した行為も出現するに至っている。いずれにしても，新しい社会には新しい智恵を発揮し，新しい法整備の必要があることはいうまでもない。

・報道の自由と知る権利，忘れられる権利

　報道の自由とは，主に報道メディア等が，情報手段を用いて，国民の「知る権利」に応じるものである。また，最近，注目されているのが「忘れられる権利」である。これは，個人データ管理者に対して，データ元の個人から請求があった場合に，当該データの削除を求める権利のことである。昨今では，ソーシャルメディアの普及により各種の情報がネット上に掲載され拡散することが日常となっている。このように，ネット上に拡散した個人情報の削除やプライバシーなどに関係し，「知る権利」や「報道の自由」と対立することも少なくない。

参考文献

(1) 例えば，下記の文献を参照されたい。
　・富士通エフ・オー・エム株式会社：情報モラル＆情報セキュリティ，富士通FOM出版，2013．
　・静谷啓樹：情報倫理ケーススタディ，サイエンス社，2008．
　・大橋真也ほか：ひと目でわかる最新情報モラル，日経BPソフトプレス，2009．

5-8 情報健康とダイナミズム

1） 健康と健全

広辞苑（岩波書店，第六版，2008）によれば，健康とは「身体に悪いところがなく心身がすこやかなこと」と記されている。同様に，健全とは「心身ともにすこやかで異常のないこと」と記され，両者に大きな違いを見出すことができない。

敢えてその違いを強調するとすれば，健康は身体起源であるが，健全は身体と精神の全体にわたるもので，特に精神面の強調を意図する場合に効果的であると判断している。また，「健全なる精神は健全なる身体に宿る」といわれるように，健全は精神にも身体にも修飾することがあるが，健康については，健康診断といわれても健全診断とはあまり聞かないことも留意したいものである。ところで，情報健康とは，身体起源であるが，精神まで広げた「健やかさ」を含め，情報社会の健全性にまで広げて考えたいものである（図1）。

健康
・身体に悪いところがなく心身がすこやかなこと
　→身体起源

健全
・心身ともにすこやかで異常のないこと
　→心身だけでなくより広い概念

情報社会における健康管理と健全性
・情報社会における健康管理（health care）
・情報社会の健全性（integrity）

図1　健康・健全

健康に対する課題
・不正確な情報，誤った情報，情報の解釈に誤り
　→判断の誤り，間違った行動，など
・情報メディアの利用時間が長くなり
　→睡眠不足，疲労など
・短絡的な情報のやり取り
　→激昂，誹謗中傷など
・VDT（Visual Display Terminal）作業
　→目の疲れ，首・肩・腰などの疲労，テクノストレスなど

健全に対する課題
・情報操作
　→不法な経済活動
・インサイダー情報
　→不法な取り引き
・その他
　→法や規範・モラル等に反する行為

図2　情報健康における課題

関係する学問分野としては，健康情報学[1]の研究や健康教育情報学の試み[2]などだけでなく，ここでは，情報社会における健康・健全に係る内容を広く取り扱いたい。健康・健全に係る課題の主な例をあげれば，図2のようになるだろう。

2） ダイナミズム

　ダイナミズム（Dynamism）とは，活力のことで，情報の諸活動において，健康・健全のもとで，活力をもって問題解決を行い，適切な社会の構築や維持に如何に貢献できるかということである（**図3**）。

　その際，安全・安心と健康・健全は，重要な課題となっている。これらは，情報学修において，ダイナミズムを生み出す基礎要因としている。積極的な問題解決として，筆者は既に，ディジタル（環境）リテラシーを提案している[3]が，それらをもとに，情報社会のダイナミズムの形成に際して，次の要素を提案したい。

- ディジタル環境の本質を追究する志向性
- ディジタル環境を科学的に認識・判断できる資質と能力
- ディジタル環境を自ら管理できる能力
- 自己の意識をモニタリングできる能力
- 自己の意思を行動（情報発信を含む）で表現できる能力
- 情報を吟味・評価できる能力

など多岐にわたる各種の構成要素を必要としている（**表1**）。

図3　安全・安心と健康・健全

【周辺状態】主に身体的	【心理状態】主に精神的
情報の安全	情報の安心
↓	↓
情報の健康	情報の健全

→ ダイナミズム

表1　ダイナミズムの構成要素

構成要素	関係する能力の例
ディジタル環境の本質を追究する志向性	自己教育力，問題解決能力
ディジタル環境を科学的に認識・判断できる資質と能力	洞察力，分析力，客観的な視点
ディジタル環境を自ら管理できる能力	情報活用能力
自己の意識をモニタリングできる能力	自己意識形成力
自己の意思を行動（情報発信を含む）で表現できる能力	コミュニケーション能力
情報を吟味・評価できる能力	分析・評価力

参考文献

(1) 下記の Web サイトを参照。【2014/5/1 確認】
　http://www.hcalthim.umin.jp/ 京都大学大学院医学研究科社会健康医学系専攻
(2) 守山正樹，松原伸一：対話からの地域保健活動～健康教育情報学の試み～，篠原出版，1991．
(3) 松原伸一：ディジタル環境論～ディジタル環境が人間生活に及ぼす影響～，ナカニシヤ出版，2004．

5-9 情報公開とデモクラシー

1）情報公開と守秘義務

　情報公開とは，何かの目的で収集または作成された各種の情報を開示することであり，国や地方自治体などの公の機関が業務上作成・蓄積された情報，民間企業が業務の中で収集作成された情報，信用機関が保有する情報など多岐に渡る。

> 情報公開の対象（例）
> ・国や地方公共団体など
> ・民間企業
> ・信用情報に係る機関・機構
> 　：

　個人や団体が権利を侵害されないようにするためには，情報開示という手段があること自体が評価に値するが，秘密にされていた情報の開示により，歴史的に正しい判断を行ったり，真実を知ることにつながったりするのである。

　実際の情報開示に際しては，種々の問題がある。例えば，「国民の知る権利」と「プライバシーの侵害」という両者の対立要素を生むことも少なくなく，「情報公開」には，常に「守秘義務」という側面との対立が生じることを視野に入れる必要があるだろう。情報の開示請求に際しては，公的機関に対する場合と，民間企業等に対して行う場合とで，侵害される権利が異なることがあり，状況に応じて分けて考えるとわかりやすくなる。

・信用情報

　信用情報については，各種考えられるが，ここでは，概ね，クレジットやローンなどの信用取引に関する契約内容や，客観的な取引事実を登録した個人の情報を対象としたい。この信用情報は，クレジット会社が顧客の「信用」を判断するための参考資料として利用され，日本情報信用機構[1]（JICC），割賦販売法・貸金業法指定信用情報機関[2]（CIC）などの業務を参照すると良いだろう。

・発信者情報請求

　ネット上では，誹謗中傷が生じたり，迷惑メールが届いたりして権利が侵害されることがある。サーバ管理者の場合は，サーバに記録されるログ情報を確認することで，発信者のIPアドレスやドメインを特定することができる。また，一般のメール受信者の場合でも，発信者を特定する場合は，メールヘッダ等を分析することで，重要な情報を特定することができる場合がある。

いずれの場合でも，匿名での書き込みの場合は，発信者に関する情報（発信者情報）を得る必要があり，その際に行われるのが「発信者情報開示請求」で，プロバイダやサーバ管理者などに行うことができる（特定電気通信役務提供者の損害賠償責任の制限及び発信者情報の開示に関する法律）。

　プロバイダ等への発信者情報の開示請求がなされれば，一般に，発信者情報の特定，権利侵害情報の特定，発信者の意見聴取，開示の決定を経て，請求者に通知されると考えると良い。したがって，発信者情報を保有していない場合，発信者情報の特定が著しく困難な場合，請求者が自己の権利を侵害しているとする情報が存在しない場合，発信者が開示を拒否する場合，など種々の理由により，開示されないこともある。その際は，侵害される権利の状況にもよるが，深刻な場合は，単純な開示請求に留まらず，司法的な手段で解決することも必要である。

2）デモクラシー

　デモクラシー（democracy）とは，いうまでもなく，民主主義のことであり，国家や集団において，構成員全員がその意思決定に寄与できることが重要である。

　これを情報学の視点で見れば，デモクラシーの前提となるものは，情報の解釈に関する教養（資質・能力）だけではなく，情報の受信・発信に関する公平性が必須である。

　そのためには，構成員（国家の場合は国民）の一人一人が，判断するための情報を入手することができると同時に，その情報を正しく判断し，また，発信することができるようにならなければならない。つまり，デモクラシーを成熟させるには，多様な情報とそれを解釈する智恵（教養）が必須である。したがって，情報学修とは，単に新しい情報教育というだけの価値ではなく，構成員一人一人が豊かな教養を背景に互いの意見を尊重して，集団や組織の意思決定を行う際の基礎的・基本的な資質・能力を育成するものでありデモクラシーの基盤と考えたい。

参考文献
(1) 株式会社日本信用情報機構（JICC）については，下記のサイトを参照されたい。（http://www.jicc.co.jp/）
(2) 割賦販売法・賃金業法指定信用情報機関（CIC）については，下記のサイトを参照されたい。（http://www.cic.co.jp/）

コラム5　情報学的想像力

1）社会学的想像力と情報学的想像力

　C. W. Mills による社会学的想像力は，社会現象を考察する上で，新たな視点を提供するものであった[1]。

　ソーシャルメディア社会における各種の安全を考える時，想像力を働かせることが重要であると考えている。例えば，「もし，○○が起きたら，…」，「もし，○○が倒れたら，…」，「もし，○○が来なかったら，…」というようにもしもを考えることである。筆者は，この想像力を，「情報学的想像力」と名づけ，情報安全と情報人権を考察する上での，出発点としている。

2）情報学的想像力のトレーニング

　まず，結論を提示し，その結論が生じる因果関係・理由・過程を想像することから考えよう。例えば，「A君が遅刻した」という結論に対して，何の情報もない，前提条件もない状態で，その結果を生む原因を想像するとどうなるだろうか？

　想像すれば，寝坊をしたから，途中で人助けをしていたから，電車が遅れたから，喫茶店で朝食をとっていたから，…などと想像が広がることだろう。

　しかし，現実には，A君はその理由を必ずしもいわない（いえない）場合もよくあることであろう。皆が，A君の責任にして，ことを完結させることも多いだろう。しかし，実は，A君は予定時間よりも早く来ていて，遅刻はしていなかったとしたらどうだろうか？学校なら1時間目に，会社なら早朝のミーティングに間に合わなかったことは事実だろうが，遅刻というよりも，重大な事件が起きていてそれに対応していたからというのはどうだろうか？

　近頃では，現実の方が小説の域を超えて，想像をはるかに超えた現状や事件・事故が多発している。異常気象によるもの，新しい価値観や限界によるもの，ソーシャルメディアのような新しい情報通信手段によるもの，などなどが原因していることだろうが，このような問題を解決するためには，「社会の情報化」，「情報の社会化」に対して専門的な研究を期待するところが大きい。

　いずれにしても，「A君が遅刻した」という結果から判断すれば，A君が悪い，

ということになり，判断を間違えることになるかもしれない。「結果」が重要なことには違いないが，それよりもその「プロセス」がもっと重要なことに気がつかなければならない。

例えば，売上が上がった，論文を書いた，テレビに紹介された，成績が上がった，儲かった，得した，…というように，生活の各種の場面で，良い結果を求めて活動・努力することは大切なことであるが，そのプロセスにおいて，人を傷つけたり，法律を犯したり，ルールやマナーに反したり，不正な手段や方法によって得られた結果は，いうまでもなく，その代償は限りなく大きいものである。

情報安全・情報人権を考える時，結果だけでなくその結果を生み出すプロセスに対して大きく関心を抱き，想像力を最大限に働かせて，かすかな危険性にも鋭く感じとることができる感性を身につけたいものである。そして，現実のプロセスを知ることにより，努力の重要性，強い精神力の持ち主に対する敬意，頑張った人の志に対する尊敬などが本物となってその価値を倍増させることだろう。

情報学的想像力とは，前述のように，危険を回避し，安全を担保するとともに，情報の価値を増大させるような働きをもつための"イメージング"を行うための力ということになるだろう。それでは，情報学的想像力を豊かにするためにはどのようにすれば良いのであろうか？

・パフォーマンス（結果）のみで判断しない

　　良い結果が得られたということだけで安心せずに，そのプロセス（過程）に関心をもち，その妥当性・正当性だけでなく，抽象化・一般化のための分析を行い，良い結果を持続することにつなげることが大切である。

・例外や反例を考慮する

　　結果に対して，それが正しいと論証できるために，常に，例外がないか，反例がないかなどについて気を配り，一定の価値観の中で，例外や反例を棄却した結果とすることが大切である。その際，例外や反例が棄却されたいきさつ（プロセス）についても，自分の頭の中で合理的に整理しておくこともあわせて重要である。

参考文献

(1) C. Wright Mills : The Sociological Imagination, Oxford University Press, 1959.／ミルズ著，鈴木広訳：社会学的想像力，紀伊国屋書店（新装版），1995.

関係文献一覧 ※理解をより深めたい方のために

理解をより深めたい方のために，関係する文献を下記にリストアップしました。リストアップの方針については，この表の末尾に記載しています。

No.	書名（※ 50 音順）	著者	出版社	発行年	章
1	2020年の産業：事業環境の変化と成長機会を読み解く	野村総合研究所（著），野村総研（著）	東洋経済新報社	2013	1, 5
2	The Process of Education: Revised Edition ※別に和訳本有り	Jerome S. Bruner	Harvard University Press	1976	3, 5
3	インターネット	村井純	岩波新書	1995	1
4	インターネットセキュリティ入門	佐々木良一	岩波新書	1999	5
5	インターネットの起源	K.Hafner and M.Lyon（著），加地永都子, 道田豪（訳）	ASCII	2000	1
6	インターネット白書 2013-2014	インターネット白書編集委員会（編集）	インプレスR&D	2014	1
7	意味を生み出す記号システム ―情報哲学試論	加藤雅人	世界思想社	2005	3, 4, 5
8	ヴァーチャルとは何か？	Pierre L'evy（著），米山優（訳）	昭和堂	2006	1
9	ウェブ時代をゆく	梅田望夫	筑摩書房	2007	1
10	改訂 デジタル社会の法制度（第2版）	電子開発学園 衛星教育センター 教材開発グループ	株式会社SCC	2004	5

No.	書名（※50音順）	著者	出版社	発行年	章
11	カナダのメディア・リテラシー教育	上杉嘉見	明石書店	2008	3, 4
12	監視社会	David Lyon 著, 河村一郎（訳）	青土社	2002	5
13	監視社会とプライバシー	小倉利丸	インパクト出版会	2001	5
14	技術と時間1 エピメテウスの過失	Bernard Stiegler（原著）, 西 兼志（翻訳）	法政大学出版局	2009	4
15	教育の過程	J.S.Bruner（著）, 鈴木祥蔵, 佐藤三郎（訳）	岩波書店	1963	3, 5
16	教科「情報」の実習事例	松原伸一（編）	開隆堂	2003	3
17	グーテンベルク銀河系の終焉	ノルボルト・ボルツ（著）, 識名章喜, 足立典子（訳）	法政大学出版局	1999	4
18	ケータイ学入門	岡田朋之, 松田美佐編	有斐閣選書	2002	1
19	講座社会学8 社会情報	児島和人編	東京大学出版会	1999	1
20	コンフィデンスシンキング～成功のための7つの絶対原則～	泉忠司（著）	扶桑社	2012	2
21	心をもつロボット	武野純一	日刊工業新聞社	2011	1
22	シティズンシップの教育学	シティズンシップ研究会（編）	晃洋書房	2006	5

No.	書名(※50音順)	著者	出版社	発行年	章
23	社会情報学2　メディア	東京大学社会情報研究所(編集)	東京大学出版会	1999	4
24	情報技術と経済文化	今井賢一	NTT出版	2002	1, 5
25	情報社会の安全・安心	堀田龍也, 平松茂(編著)	三省堂	2010	5
26	情報通信と社会心理	廣井脩編	北樹出版	2000	1, 2
27	情報のエコロジー～情報社会のダイナミズム(新版, 第2刷)	吉井博明	北樹出版	2006	1, 5
28	情報メディアと現代社会	井上宏	関西大学出版部	2004	4
29	情報リテラシー	久野靖ほか(監修)	日経BPソフトプレス	2008	3
30	情報リテラシー	富士通エフ・オー・エム	FOM出版	2013	3
31	情報リテラシー　入門編	富士通エフ・オー・エム	FOM出版	2013	3
32	情報倫理学	越智貢, 土屋俊, 水谷雅彦	ナカニシヤ出版	2000	5
33	情報倫理の思想	L.Floridiほか(著), 西垣通, 竹之内禎(編著訳)	エヌティティ出版	2007	5
34	スマホ白書2013-2014	一般社団法人モバイル・コンテンツ・フォーラム(MCF)(編集)		2014	4

関係文献一覧　155

No.	書名（※50音順）	著者	出版社	発行年	章
35	そのとき、エンジニアは何をするべきなのか	Alastair S. Gunn・P. Aarne Vesilind（著），藤本温，松尾秀樹（訳）	森北出版	2007	5
36	「多様な意見」はなぜ正しいのか 衆愚が集合知に変わるとき	水谷淳	日経BP社	2009	1, 5
37	テレビニュースは終わらない	金平茂紀	集英社新書	2007	4
38	デジタルストレス ―パソコンに蝕まれる現代人	鐸木能光	地人書館	2001	1, 5
39	脳の情報処理 ～選択から見た行動制御	岩崎祥一	サイエンス社	2008	5
40	ビッグデータの正体 情報の産業革命が世界のすべてを変える	V・M=ショーンベルガー＆K・クキエ（著），斎藤 栄一郎（翻訳）	講談社	2013	1, 5
41	マクルーハンの世界 ～現代文明の本質とその未来像	竹村健一	講談社	1967	4
42	メディア・バイアス ～あやしい健康情報とニセ科学（新書）	松永和紀	光文社	2007	4
43	メディア・リテラシーの現在と未来	鈴木みどり	世界思想社	2001	4
44	メディア空間	中野収	勁草書房	2001	4
45	メディアとのつきあい方	堀田龍也	ジャストシステム	2004	4

No.	書名（※50音順）	著者	出版社	発行年	章
46	メディアと権力 ～情報学と社会環境の革変を求めて	J.Curran（著），渡辺武達（監訳）	論創社	2007	4
47	メディアの教育学	今井康雄	東京大学出版会	2004	4
48	メディア批判	P.Bourdieu（著），櫻本陽一（訳）	藤原書店	2000	4
49	メディア文化の社会学	加藤春明	福村出版	2001	4
50	メディア文化論	吉見俊哉	有斐閣	2004	4
51	メディアリテラシー教育	D.Buckingham（著），鈴木みどり（監訳）	世界思想社	2006	4
52	モバイル社会の未来 ～2035年へのロードマップ	モバイル社会研究所	NTT出版	2013	1, 5

※記載内容につきましては，原則として各文献の奥付の情報を基にしています。

【リストアップの方針】筆者の研究室に所在する書籍について，関係のあるものを優先して掲載しました。また，原則として，本文及び参考文献欄にて記載した論文，報告書，書籍，辞書・事典，政府刊行物などは除外しました。

―索引―

■英数字
- 2次元イメージ法 ················ 55
- CS ····· 60, 61, 69, 70, 71, 73, 74, 75, 80, 81, 83
- CSTA K-12 ···················· 60, 81
- CS の学習 ····················· 60, 61
- HaaS ··························· 11
- IaaS ···························· 11
- ICT 社会 ·························· 8
- IS ···················· 76, 78, 79, 80, 81, 82
- KJ 法 ··························· 55
- PaaS ··························· 11
- SaaS ··························· 11
- Web2.0 ················ 8, 9, 28, 44, 123

■あ
- 新しい教育手段 ················ 37, 38
- 新しい教育内容 ················ 37, 39
- 新しい教育方法 ·················· 37
- アナログとデジタル ············ 56, 88
- 安全と安心 ····················· 121
- 一斉学習 ···················· 38, 41, 58
- 医療の情報化 ·················· 13, 14
- インターネット社会 ··············· 8
- 大型コンピュータ ················ 16
- オフライン型マネー ············· 142
- オンライン型マネー ············· 142

■か
- 概念地図法 ······················ 55
- 科学の教育 ···················· 36, 37
- 学習の思考(と解決) ············ 52, 53
- 学習の体系 ······················ 59
- 学習の方法 ······················ 40
- 仮想世界の現実性 ··········· 113, 115
- 仮想通貨 ························ 142
- 価値観に限界 ·················· 25, 27
- 価値の創造 ····················· 141
- 可能・不可能に限界 ·············· 25
- 危険と不安 ····················· 121
- 技術決定論 ············ 98, 99, 106, 107
- 基本的な学習環境 ·············· 44, 48
- 狭域コミュニティ ············· 136, 137
- 教育の科学 ···················· 36, 37
- 教育の情報化 ················ 13, 14, 69
- 教育の新科学化 ················ 36, 37
- 教育へのコンピュータ利用 ······ 14, 68, 69
- 協働学習 ········ 38, 41, 42, 43, 58, 73, 80, 81
- 業務の情報化 ·················· 13, 14
- 議論が回避／炎上の2極化する社会 ··· 29, 31
- 金融の情報化 ·················· 13, 15
- クラウドコンピューティング ··· 8, 10, 11, 18, 38
- クラウド型知識基盤社会 ········· 8, 18, 123
- クラウド社会 ····················· 8
- 経験則に限界 ·················· 25, 26
- 決済の情報化 ·················· 13, 15
- 現実空間と仮想空間を利用する形態 ······ 43
- 現実世界の仮想性 ·········· 113, 114, 115
- コア・フレームワーク ··· 58, 59, 72, 77, 78, 79, 81
- 広域コミュニティ ················ 136
- 交通安全 ··············· 120, 124, 126, 127
- 高度情報化社会 ··················· 8
- 高度情報社会 ····················· 8
- 高度情報通信社会 ············ 8, 66, 106
- 答え探しの社会 ················ 29, 30
- 個別学習 ···················· 38, 41, 58
- コミュニティ ··· 18, 20, 21, 22, 23, 24, 28, 73, 122, 127, 136, 137, 138
- コミュニティの種類 ············· 138
- コンピュータ・リテラシー ········ 108

■さ
- 産業財産権 ····················· 144
- 三極構造スキーマ ················ 21
- 三重構造スキーマ ················ 21
- 三層構造スキーマ ················ 20
- 思考実験とシミュレーション ······ 54
- 思考と判断 ······················ 54
- 思考による解決 ·················· 54
- 社会学的想像力 ··············· 20, 150
- 社会決定論 ··················· 99, 106
- 社会の情報化 ······· 8, 13, 16, 24, 25, 26, 29, 37, 38, 39, 57, 64, 65, 84, 85, 109, 111, 116, 122, 126, 132, 136, 137, 150
- 十分に思考することができない社会 ··· 29, 30
- 守秘義務 ······················· 148
- 情報安全 ··· 38, 39, 53, 57, 68, 76, 78, 81, 82, 96, 120, 122, 123, 124, 126, 127, 132, 138, 150, 151
- 情報安全教育 ············· 77, 120 123, 127
- 情報化 ··· 8, 9, 12, 13, 14, 15, 19, 24, 25, 65, 66, 69, 81, 109, 126, 131, 137

158 索 引

情報学系の学部・・・・・・・・・・・・・・・・・・・・ 100
情報学修・・・57, 58, 59, 76, 78, 79, 80, 81, 82, 83, 126, 132, 147, 149
情報学的想像力・・・・・・・・・・・・・ 53, 54, 150, 151
情報教育の歴史・・・・・・・・・・・・・・・・・・・・ 64
情報健康・・・・・・・・・・・・・・・・・・・・・・ 127, 146
情報公開・・・・・・・・・・・・・・・・・・・・・・・・・ 148
情報人権・・38, 39, 53, 57, 76, 78, 81, 82, 96, 127, 132, 133, 134, 138, 150, 151
情報とコンピュータ・・・・・・・・・・・ 12, 66, 67
情報の社会化・・16, 20, 24, 29, 37, 38, 39, 57, 84, 116, 122, 126, 127, 132, 136, 150
情報の社会化により生じる4つの限界・・・・ 25
情報の特徴・・・・・・・・・・・・・・・・・・・・・・・・ 92
情報モラル・・・・39, 56, 68, 78, 79, 123, 126, 127, 128, 129, 130, 131, 144
情報リテラシー・・・・・・・・・・・・・・ 65, 108, 109
情報流・・・・・・・・・・・ 20, 21, 23, 28, 124, 126, 140
情報倫理・・・56, 82, 123, 127, 128, 129, 130, 131
知る権利・・・・・・・・・・・・・・・・・・・ 144, 145, 148
信用情報・・・・・・・・・・・・・・・・・・・・・・ 143, 148
ストランド・・・・・・・・・・・・・・ 72, 74, 80, 81, 83
制御理論と問題解決・・・・・・・・・・・・・・・・・・ 86
世界で最初のコンピュータ・・・・・・ 67, 125, 126
前例主義に限界・・・・・・・・・・・・・・・・・ 25, 26
ソーシャルメディア・・・・・ 20, 28, 29, 30, 31, 99, 116, 132, 136, 137, 138, 139, 145, 150
ソーシャルメディア社会・・・・ 8, 16, 19, 20, 21, 22, 23, 24, 28, 29, 37, 39, 40, 53, 56, 84, 97, 99, 103, 116, 117, 136, 137, 141, 142, 150
即断を迫られる社会・・・・・・・・・・・・・・・・・・ 29

■ た

ダイナミズム・・・・・・・・・・・・・・・・ 127, 146, 147
地域コミュニティ・・・・・・・・・・・・・・・・・・・ 137
知識基盤社会・・・・・・・・・・・・ 8, 18, 19, 117, 123
著作権・・・・・ 56, 75, 112, 135, 140, 141, 144, 145
著作者人格権・・・・・・・・・・・・・・・・・・・・・・・ 144
ディジタル化・・・・・・・・・ 24, 54, 60, 88, 89, 140
ディジタル環境・・・・ 18, 19, 54, 57, 77, 112, 113, 116, 117, 123, 140, 147
ディジタル環境が及ぼす影響・・・・・・・・・・ 112
ディジタル環境とメディア・・・・・・・・・・・・ 116
ディジタル環境における基礎能力・・・・・・ 116
ディジタル社会・・・・・・・・・・・・・・・・・・・ 8, 19
データと情報・・・・・・・・・・・・・・ 12, 93, 94, 95
データ量と情報量・・・・・・・・・・・・・・・・ 94, 95

デモクラシー・・・・・・・・・・・・・ 99, 127, 148, 149
電子決済・・・・・・・・・・・・・・・・・・・・・・・・・ 142
電子商取引・・・・・・・・・・・・・・・・・・・・・・・ 142
道徳・・・・・・・・・・ 56, 59, 123, 128, 129, 130, 135
友だち概念・・・・・・・・・・・・・・・・・・・・・・・ 139

■ な

人間・コミュニティ・社会・・・・ 20, 21, 28, 122
ネットワーク社会・・・・・・・・・・・・・・・・・ 8, 33
ネット社会・・・・・・・・・・・・・・・・ 8, 9, 134, 135

■ は

パーソナルコンピュータ・・・・・・・・・・・・ 16, 17
発信者情報請求・・・・・・・・・・・・・・・・・・・・ 148
発展的な学習環境・・・・・・・・・・・・・・・・・・・ 48
物流と情報流・・・・・・・・・・・・・・・・・・・・・ 140
プライバシー権・・・・・・・・・・・ 123, 135, 144, 145
ブレーンストーミング・・・・・・・・・・・・・・・・ 55
プログラミング教育・・・・・・・・・・・・・・・・・ 85

■ ま

マクルーハン・・・・・・・・・・・・・・ 99, 104, 105, 106
メディア・リテラシー・・・ 57, 77, 108, 109, 110, 117, 122
メディアが及ぼす社会現象・・・・・・・・・・・ 112
メディアの意味・・・・・・・・・・・・・・・・・・・・ 96
メディアの現実性と仮想性・・・・・・・・・・・ 113
メディアの社会化・・・・・・・ 16, 18, 99, 112, 116
メディアの種類・・・・・・・・・・・・・・・・・・・・ 98
メディア論・・・・57, 77, 78, 80, 99, 104, 105, 106, 107, 117
モバイル化・・・・・・・・・・・・・・・ 17, 18, 24, 29
モラル・・・・・・・・ 13, 29, 57, 127, 128, 135, 146
問題解決・・・・ 30, 31, 40, 49, 50, 53, 57, 58, 60, 73, 74, 78, 79, 80, 81, 83, 84, 85, 86, 87, 121, 137, 147
問題と解・・・・・・・・・・・・・・・・・・・・・・・・・ 85

■ や

ユビキタス社会・・・・・・・・・・・・・・ 8, 123, 132

■ ら

倫理・・・・・57, 75, 80, 82, 123, 127, 128, 129, 130, 131, 135

■ わ

割込みを頻繁に受ける社会・・・・・・・・・・ 29, 30

索引　159

■著者略歴

松原伸一（まつばらしんいち）

慶應義塾大学大学院工学研究科修士課程修了。慶應義塾大学大学院工学研究科博士課程退学後，長崎大学講師，助教授，滋賀大学助教授を経て，現在，滋賀大学教授。博士（学術）。専門は，メディア情報学，情報教育学。

■主な著書

- 「学校におけるプログラミング教育」（単著）オーム社，1990．
- 「ディジタル社会の情報教育」（単著）開隆堂，2002．
- 「ディジタル環境論」（単著）ナカニシヤ出版，2004．
- 「情報学教育の新しいステージ」（単著）開隆堂，2011．

など

【付記】

本書の記述における研究の一部は，JSPS 科研費（課題番号：25381187）の助成を受けたものである。

ソーシャルメディア社会の教育
マルチコミュニティにおける情報教育の新科学化

平成 26 年 9 月 10 日発行

著者　松原伸一

発行　開隆堂出版株式会社
　　　代表者　大熊隆晴
　　　〒 113-8608　東京都文京区向丘 1-13-1
　　　電話 03-5684-6116（編集）
　　　http://www.kairyudo.co.jp/

印刷　壮光舎印刷株式会社

発売　開隆館出版販売株式会社
　　　〒 113-8608　東京都文京区向丘 1-13-1
　　　電話 03-5684-6118（販売）

■本文レイアウト，表紙デザイン　パシフィック・ウイステリア

- 定価はカバーに表記してあります。
- 本書を無断で複製することは著作権法違反となります。
- 乱丁本・落丁本はお取り替えいたします。

ISBN978-4-304-04202-7